Unmöglich? Überhaupt nicht! Es ist sogar ziemlich einfach.

Wenn Sie sich heute entschließen, Millionär zu werden, dann müssen Sie nur die folgenden drei Schritte beachten:

1. ein Verständnis dafür entwickeln, wie Reichtum geschaffen und vergrößert wird,
2. bewährte Methoden der Vermögensschaffung nachahmen,
3. genügend Durchhaltevermögen mitbringen.

Und das war's schon. Mehr braucht man nicht, um als Durchschnittsmensch ein Vermögen von einer Million Euro zu erzielen: Verständnis. Nachahmung. Und Durchhaltevermögen.

Was Ihnen dieses Buch vermitteln will

Dieses Buch vermittelt Ihnen bewährte Methoden, die Otto Normalverdiener anwenden kann, um sich selbst und seiner Familie echte finanzielle Unabhängigkeit zu verschaffen. Die Methoden lassen sich leicht in die Tat umsetzen und haben sich seit Jahrzehnten bewährt. Und sie haben in den letzten 50 Jahren Millionen von Menschen zu einem Millionenvermögen verholfen!

Um Millionär zu werden, braucht man heutzutage kein wahnsinniges Glück mehr. Geschweige denn Zufall. Es geht einfach nur darum, sich die bewährten Methoden anzueignen und konsequent zu befolgen, um Reichtum zu erzielen.

Wie es schon in dem Bestseller *The Millionaire Next Door* heißt: „Die meisten Millionäre sind keine Nachfahren der Rockefellers oder Rothschilds. *Bei mehr als 80 % handelt es sich um ganz normale Menschen,* die ihr Vermögen innerhalb einer Generation erzielt haben."

Führen Sie sich das einmal genau vor Augen – „Bei mehr als 80 % [der Millionäre] handelt es sich um ganz normale Menschen." Diese Zahl beweist, was ich bereits eingangs erwähnte – dass heutzutage jeder die Wahl hat, Millionär zu werden, und dass dies absolut nichts mit Zufall zu tun hat!

Das Ziel des vorliegenden Buches, *Die Parabel von der Pipeline*, besteht darin, Ihnen die Methoden zu vermitteln, die reiche Leute seit Jahrhunderten anwenden, um Reichtum zu schaffen und zu vergrößern. Diese Methoden waren einst nur wenigen Privilegierten vorbehalten. Selbst wenn man diese Methoden in der Zeit um 1900 kannte, hatte man höchstwahrscheinlich weder das nötige Geld noch die entsprechenden Kontakte, um davon profitieren zu können. Heute ist das nicht mehr so.

Heute kann so gut wie jede Person aus der Mittelschicht, die mindestens einen Highschool-Abschluss besitzt, dank des technologischen Fortschritts, dank gestiegener Einkommen und dank eines innovativen Geschäftsmodells, das ich „E-Verzinsung" nenne, Geld, Zeit und Beziehungen wirksam einsetzen, um persönliche und finanzielle Unabhängigkeit zu erzielen.

Wenn Sie die in diesem Buch beschriebenen Methoden befolgen, können auch Sie der Millionär von nebenan werden. *Willkommen im Club!*

Herzlichst

Ihr

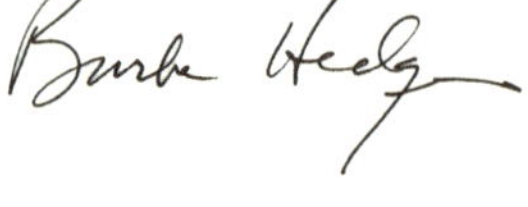

Sie können der Millionär von nebenan werden!

Liebe Leserin,

lieber Leser,

vor Hundert Jahren war es dem Durchschnittsbürger fast unmöglich, Millionär zu werden. Betrachten wir uns einmal die folgenden Statistiken, die sich auf die Zeit um 1900 beziehen:

Im Jahr 1900 betrug der durchschnittliche Stundenlohn in den Vereinigten Staaten 22 Cent. Dem durchschnittlichen Arbeiter stand ein Jahreseinkommen von 200 bis 400 Dollar zur Verfügung, was deutlich unter der damaligen Armutsgrenze lag. Nur 6 % aller Amerikaner hatten einen Highschool-Abschluss. Die Lebenserwartung lag bei 47 Jahren. Lediglich 14 % aller Wohnungen waren mit einer Badewanne ausgestattet. Es gab in den USA 8.000 Automobile und nur 144 Meilen gepflasterter Straßen. Bis zum Ersten Weltkrieg verwendete die amerikanische Durchschnittsfamilie 80 % ihres Einkommens für Grundbedürfnisse wie Lebensmittel, Wohnraum und Kleidung.

Kurz gesagt, vor Hundert Jahren existierten wirtschaftlich betrachtet nur zwei Klassen: Die Reichen. Und der Rest. Lediglich eine von zehn Familien zählte zur Ober- bzw. Mittelschicht. Und das wiederum bedeutet, dass im Jahr 1900 90 % aller Amerikaner als arm zu gelten hatten.

Die Mittelschicht lebt noch immer von Gehaltszahlung zu Gehaltszahlung

Zoomen wir ungefähr 100 Jahre nach vorn, ins Jahr 2005. Das Jahreseinkommen einer Durchschnittsfamilie liegt heute bei 47.000 Dollar. Es gibt in den Vereinigten Staaten mehr Autos als Menschen. Die meisten Familien besitzen mindestens zwei Fernseher. Die Lebenserwartung liegt bei 75 Jahren. Dem Durchschnittsbürger stehen heute mehr Einkommen … mehr Freizeit … und mehr Möglichkeiten der Berufswahl zur Verfügung als je zuvor.

Und dennoch lebt ein Großteil der 72 Millionen amerikanischen Familien noch immer von Gehaltszahlung zu Gehaltszahlung. Lassen wir den Eigenkapitalanteil am Wohneigentum, Auto und Mobiliar einmal außer Acht, dann besitzt die Durchschnittsfamilie null Vermögen. NULL! Zwar ist das Einkommen einer Durchschnittsfamilie in den letzten Jahrzehnten angestiegen. Aber auch die Schulden einer Familie und die durchschnittliche Wochenarbeitszeit sind ständig im Steigen begriffen.

Was ist faul an diesem Szenario?

Haben Sie sich dem falschen System verschrieben?

Faul daran ist, dass zu viele Menschen auf die falsche Karte gesetzt haben. Sie haben sich dem falschen System verschrieben. Und ihnen fehlt das Grundverständnis dafür, wie Reichtum geschaffen und vergrößert wird.

Ich werde Sie gleich mit einer kühnen Behauptung konfrontieren, die Ihnen vielleicht einen kleinen Schock versetzt. Was ich zu sagen habe, ist jedoch absolut und unumstößlich wahr. Machen Sie sich also gefasst.

Die einfache und ungeschminkte Wahrheit besteht darin, *dass heutzutage jeder die Wahl hat, Millionär zu werden, und dass dies absolut nichts mit Zufall zu tun hat!*

So ist es – heute kann jeder, der über ein durchschnittliches Einkommen der Mittelschicht verfügt, Millionär werden.

DIE PARABEL VON DER PIPELINE

Die Parabel von der Pipeline

Wie man seine Zeit wirksam einsetzt, um eine Pipeline mit kontinuierlich fließendem Einkommen zu bauen!

Titel der amerikanischen Originalausgabe:
The Parable of the Pipeline

3. deutsche Auflage 2005
Aus dem Amerikanischen
von Jutta Ziegler und Johannes Molthan

ISBN 3-902114-24-X
Herausgegeben von:
MLM Training
Fachverlag und Trainingsinstitut
für Direktvertriebe GmbH
6020 Innsbruck, Austria
www.mlm-training.com

Printed in Europe
Design bei IMG Media

WIDMUNG

Meinem Vater, Burke O. Hedges, der mich gelehrt hat, dass Pipelines Rettungsleinen sind, und all jenen, die weise und willensstark genug sind, in einer Welt von Eimerträgern Pipeline-Bauer zu werden ... und bereit sind, diese Weisheit anderen mitzuteilen.

DANKSAGUNG

Disziplin, Entschlossenheit, Konzentration und Geduld – dies sind die Begriffe, die mir einfallen, wenn ich an Dr. Steve Price denke, der sich als unerlässliche Stütze für die erfolgreiche Fertigstellung dieses Manuskripts erwiesen hat. Steve, du schaffst es immer wieder, ein Projekt mit viel Fingerspitzengefühl und Beharrlichkeit zu einem guten Abschluss zu bringen. Ich weiß das sehr zu schätzen. In meinen Augen bist du ein „unbezahlbarer" Partner.

Mein unendlicher Dank gilt Katherine Glover, der Vorstandsvorsitzenden von INTI Publishing. Katherine ist eine außergewöhnliche Führungspersönlichkeit. Ihre Ratschläge und Hinweise waren während des Entstehungs- und Umsetzungsprozesses dieses Buches von unschätzbarem Wert.

Abschließend möchte ich meinem Vater meinen herzlichsten Dank dafür aussprechen, dass er mir, als ich noch jung war, immer und immer wieder klargemacht hat, dass Pipelines im Leben meine Rettungsleinen sind. Danke für deine Geduld und deine unendliche Weisheit, Vater.

WERKE VON BURKE HEDGES

- *Who Stole the American Dream?*
  (Wer hat den Amerikanischen Traum gestohlen?)
- *You Can't Steal Second with Your Foot on First!*
  (Ihr Weg in die Unabhängigkeit)
- *You, Inc.*
- *Copycat Marketing 101*
- *Read and Grow Rich*
- *Dream-Biz.com*

INHALT

1

VON BURKE HEDGES' SCHREIBTISCH

Deine Pipelines sind deine Rettungsleinen!

29 Jahre sind nun schon vergangen, seit mein Vater gestorben ist. Unsere gemeinsamen Schachabende bleiben mir jedoch in Erinnerung, als hätten wir erst gestern beisammen gesessen.

Ich kann mich gut daran erinnern, wie ich meinem Vater beim Aufstellen des Schachbretts auf der Terrasse unseres Strandhauses mit Blick auf den Pazifik vor der Küste Ecuadors behilflich war.

Ich kann mich daran erinnern, wie ich die Wellen beobachtete, wenn sie gegen den weißen Sandstrand schlugen.

Ich kann mich an den Hibiskusduft erinnern, der über dem Salzwassernebel schwebte.

Ich kann mich daran erinnern, wie die sanfte, gelbe Sonne abends am stahlgrauen Horizont verschwand.

Wir spielten üblicherweise Schach, bis es dunkel wurde. Dabei war es mein Vater, der immer redete, während ich zuhörte.

„Halte nie etwas für selbstverständlich", pflegte er oftmals zu sagen, wenn er zum Horizont hinausblickte.

Vom Prinzen zum Bettler in einem Tag

„Halte nie etwas für selbstverständlich."

Mein Vater bezog sich auf 1959, das Jahr, in dem Castro in Kuba an die Macht kam. Vor der Revolution war mein Vater einer der reichsten Männer Kubas. Einem Artikel des *Time-Magazins* zufolge, besaß mein Vater mehr als 20 Millionen Dollar (was einem heutigen Wert von mindestens 200 Millionen Dollar entspricht). Ihm gehörten zwölf verschiedene Unternehmen, darunter Baumwollspinnereien, Einzelhandelsgeschäfte, eine Textilfabrik, eine Chemiefabrik und Grundbesitz in Industriegebieten.

Als Castro die Macht übernahm, flohen meine Eltern nach Jamaika mit kaum mehr als den Kleidern, die sie am Körper trugen. Die Unternehmen und Bankkonten meines Vaters wurden aufgrund von „Verbrechen gegen das Volk", wie die Kommunisten es nannten, beschlagnahmt.

Das einzige „Verbrechen" meines Vaters bestand in seinem Erfolg ... und darin, diesen Erfolg für selbstverständlich zu halten. Im Nachhinein wurde ihm klar, dass er einen Teil des Vermögens hätte außer Landes schaffen sollen. Er hatte es für gegeben hingenommen, dass Castro niemals in der Lage sein würde, die Regierung zu stürzen.

Mein Vater hatte sich geirrt. Und das hat ihn um sein Vermögen gebracht.

Eine Ahnung von Pipelines

Mein Vater tat sein Bestes, um sein Imperium wiederaufzubauen. Die schlechte Wirtschaftslage und der schlechte Zustand seines Herzens trugen gemeinsam dazu bei, dass ihm dies nicht gelang. Er war am Ende seines Lebens nicht verbittert. Er war nur enttäuscht darüber, dass ihm die Zeit davongelaufen war.

Also versuchte mein Vater, mich beim Schachspiel in die wichtigsten Grundsätze einzuweihen, die es ihm möglich gemacht hatten, bereits in seinem fünften Lebensjahrzehnt ein kleines Vermögen angehäuft zu haben.

Mein Vater versuchte oftmals, mir deutlich zu machen, wie wichtig es ist, dass man selbst Eigentümer von Unternehmen ist. Eigentum bedeutet Unabhängigkeit und Sicherheit. Mein Vater vertrat den Standpunkt: je mehr Unternehmen man besitzt, desto besser.

„Deine Pipelines sind deine Rettungsleinen", pflegte er zu sagen.

Ich befolgte die Ratschläge meines Vaters. Mit nur 25 Jahren eröffnete ich mein erstes Geschäft. Heute besitze ich mehrere, schnell wachsende Unternehmen.

Ironischerweise ist eines meiner Unternehmen, Equibore, eine Pipeline-Firma – im wahrsten Sinne des Wortes! Equibore installiert die unterirdischen Leitungsrohre, die die Versorgungsunternehmen der „Old Economy" für das Verlegen ihrer Gas- und Wasserleitungen verwenden. Die Telekommunikationsunternehmen der „New Economy" nutzen die Rohre für ihre Glasfaser-Optikkabel, die Pipelines der Zukunft.

Mein reicher Vater, sein reicher Vater

Mein Vater glaubte an die Streuung des Kapitals. Daher gehörten die meisten seiner zwölf Unternehmen verschiedenen Industriezweigen an.

„Wenn du nur eine Pipeline besitzt, hast du auch nur eine Rettungsleine", pflegte er zu sagen, während er eine meiner Schachfiguren aus dem Spiel warf. „Je mehr Pipelines du besitzt, desto besser."

Vor einigen Monaten fiel mir eine Cassette von Robert Kiyosaki mit dem Titel *What My Rich Dad Taught Me About Investing* („Was mich mein reicher Vater in Sachen Investitionen lehrte") in die Hände. Kiyosaki erzählt eine kurze Geschichte von zwei jungen Männern, die man dazu angeheuert hatte, Wasser aus einem See in das eine Meile entfernt liegende Dorf zu bringen. Einer der beiden Männer benutzte Eimer, um das Wasser zu tragen. Der andere Mann baute eine Pipeline. Langfristig betrachtet, erging es dem jungen Mann, der die Pipeline baute, besser als dem Wasserträger.

Kiyosakis Cassette erinnerte mich an die Lektionen, die mein Vater mir vor 25 Jahren erteilte. An jenem Abend ging ich nach Hause und machte mir zehn Seiten Notizen für ein neues Buch, das die Analogie zwischen Pipelines und Rettungsleinen erklären und die Leser dazu bringen soll, ihre Einnahmenströme zu verteilen, indem sie sowohl kurzfristige als auch langfristige Pipelines bauen.

Ich habe das Buch *„Die Parabel von der Pipeline"* genannt.

Drei Monate später übergab ich meinem Verleger das Manuskript zu dem Buch, das Sie jetzt in Händen halten.

Wie man seine eigenen Pipelines baut

Im Laufe der Jahre habe ich den Rat meines Vaters befolgt und verschiedene rentable Pipelines gebaut. Ich besitze nicht zwölf Unternehmen wie er. Und mein Vermögen beträgt auch nicht 20 Millionen Dollar.

Aber ich arbeite daran.

Pipelines dienen dazu, den Menschen die Sorgen zu nehmen, indem sie ihnen Profit verschaffen. Aber vor allen Dingen dienen Pipelines dazu, den Menschen persönliche und finanzielle Unabhängigkeit und lebenslange Sicherheit zu verschaffen.

Kurz gesagt: Pipelines sind Rettungsleinen.

Meinem Vater wurden seine Rettungsleinen durch einen Diktator genommen. Und davon hat er sich nie erholt.

Die Menschen in Amerika und Europa haben Glück – uns werden unsere Rettungsleinen niemals von einem Diktator genommen werden. Wir können uns die Rettungsleinen nur selbst nehmen.

Wie kann das passieren?

Indem wir nicht die Initiative ergreifen, sie zu bauen!

Hören Sie auf die Worte meines Vaters – nehmen Sie es nicht als selbstverständlich hin, dass morgen alles noch genauso sein wird wie heute. Es wird nicht so sein!

Die einzige Sicherheit ist die Sicherheit, die die Pipeline bietet.

Ich bitte Sie dringend, noch heute mit dem Bau Ihrer Pipelines zu beginnen … damit Sie morgen Ihre Rettungsleinen haben!

EINLEITUNG

EINLEITUNG

Die Parabel von der Pipeline

Ein Tal in Mittelitalien, im Jahr 1801

ES WAR EINMAL VOR SEHR, SEHR LANGER ZEIT, da lebten zwei ehrgeizige junge Cousins namens Pablo und Bruno als Nachbarn in einem kleinen italienischen Dorf.

Die Männer waren die besten Freunde.

Und große Träumer.

Sie sprachen ständig davon, wie sie eines Tages, auf irgendeine Art und Weise, die reichsten Männer des Dorfes werden würden. Beide waren intelligent und arbeiteten hart. Sie brauchten nur die richtige Gelegenheit.

Eines Tages ergab sich diese Gelegenheit. Die Bewohner des Dorfes beschlossen, zwei Männer zu engagieren, die Wasser aus dem nahe gelegenen Fluss zu dem Brunnen auf dem Marktplatz bringen sollten. Pablo und Bruno bekamen den Auftrag.

Jeder der beiden Männer nahm sich je zwei Eimer und machte sich in Richtung des Flusses auf. Am Ende des Tages hatten sie den Brunnen randvoll mit Wasser gefüllt. Der Dorfälteste bezahlte ihnen je einen Cent für jeden Eimer Wasser.

„Jetzt ist unser Traum in Erfüllung gegangen!“, rief Bruno. *„Ich kann unser Glück noch gar nicht fassen.“*

Aber Pablo sah die Sache ein bisschen anders.

Ihm tat der Rücken weh, und seine Hände waren voller Blasen vom Schleppen der schweren Eimer. Es graute ihm davor, am nächsten Morgen aufstehen und zur Arbeit gehen zu müssen. Er nahm sich fest vor, sich eine bessere Art und Weise auszudenken, um das Wasser vom Fluss ins Dorf zu schaffen.

Pablo, der Pipeline-Mann

„Bruno, ich habe einen Plan", sagte Pablo am nächsten Morgen, als sie sich ihre Eimer griffen und sich zum Fluss auf den Weg machten. „Statt die Eimer hin- und herzuschleppen und dafür nur je einen Pfennig zu bekommen, sollten wir lieber eine Pipeline vom Fluss ins Dorf bauen."

Bruno blieb wie angewurzelt stehen.

„Eine Pipeline! Hat man so etwas je gehört?", rief Bruno. „Wir haben doch einen tollen Auftrag, Pablo. Ich kann 100 Eimer pro Tag tragen. Bei einem Cent pro Eimer macht das einen Euro pro Tag! Ich bin reich! Nach einer Woche kann ich mir ein Paar neue Schuhe kaufen. Nach einem Monat eine Kuh. Nach einem halben Jahr kann ich mir eine neue Hütte bauen. Wir haben den besten Job im Ort. Wir haben am Wochenende frei und bekommen zwei Wochen Urlaub bezahlt. Wir sind gemachte Männer! Lass mich in Ruhe mit deiner Pipeline."

Aber Pablo ließ sich nicht so leicht von seiner Idee abbringen. Er erklärte seinem besten Freund in aller Ruhe seinen Pipeline-

Plan. Einen Teil des Tages wollte Pablo weiterhin Eimer schleppen; den anderen Teil und die Wochenenden wollte er mit dem Bau der Pipeline verbringen. Er wusste, dass es ein harter Job sein würde, einen Schacht in den steinigen Boden zu graben. Da er nach Eimern bezahlt wurde, war ihm klar, dass sein Einkommen zunächst sinken würde. Es war ihm auch klar, dass es ein Jahr, wenn nicht gar zwei Jahre dauern würde, bis seine Pipeline ihm einen ansehnlichen Ertrag einbringen würde. Aber Pablo glaubte an seinen Traum und machte sich an die Arbeit.

Bruno und die anderen Dorfbewohner machten sich über Pablo lustig und gaben ihm den Namen „Pablo, der Pipeline-Mann“. Bruno, der fast doppelt so viel verdiente wie Pablo, gab mit seinen Neuerrungenschaften an. Er kaufte einen Esel mit einem neuen Ledersattel und stellte ihn neben seine neue doppelstöckige Hütte. Er kaufte sich auffällige Kleidung und bestellte ausgefallenes Essen im Gasthaus. Die Dorfbewohner nannten ihn „Herr Bruno“, freuten sich, wenn er im Wirtshaus Runden schmiss, und lachten lauthals über seine Witze.

Kleine Taten führen zu großen Erfolgen

Während Bruno die Abende und Wochenenden in der Hängematte verbrachte, mühte sich Pablo an seiner Pipeline ab. In den ersten paar Monaten sah man nicht viel von Pablos Schufterei. Die Arbeit war hart – härter noch als Brunos, denn Pablo musste auch abends und am Wochenende arbeiten.

Aber Pablo dachte immer wieder daran, dass die Träume von morgen auf den Entbehrungen von heute gebaut werden. Tag für Tag grub er, Zentimeter um Zentimeter.

„Zentimeter um Zentimeter, das ist ein Kinderspiel", sang er vor sich hin und versenkte seine Spitzhacke in den steinigen Boden. Aus Zentimetern wurden Meter …, dann zehn Meter …, dann 20, 100 …

„Auf kurzfristige Mühe folgt langfristiger Gewinn", sagte er sich, wenn er von der Arbeit erschöpft in seine bescheidene Hütte stolperte. Er maß seinen Erfolg, indem er sich ein Ziel für den Tag setzte und dieses auch erfüllte, denn er wusste, dass das Ergebnis ihn später für all seine Mühen entlohnen würde.

„Verlier nie den Gewinn aus den Augen", sagte er sich immer und immer wieder, wenn er, begleitet vom Gelächter, das aus dem Wirthaus herüberdrang, einschlief.

„Verlier nie den Gewinn aus den Augen …"

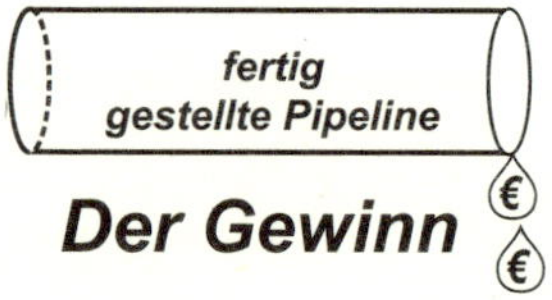

Das Blatt wendet sich

Aus Tagen wurden Monate. Eines Tages war die Pipeline von Pablo halb fertig, und das bedeutete, dass er nur noch die Hälfte der Strecke zurücklegen musste, um seine Eimer zu befüllen. Die so gewonnene Zeit nutzte Pablo, um an der Fertigstellung seiner Pipeline zu arbeiten. Es dauerte nun nicht mehr lange, bis die Pipeline tatsächlich fertig sein würde.

In den kurzen Ruhepausen beobachtete Pablo, wie Bruno seine Eimer schleppte. Brunos Schultern waren stärker gebeugt als früher. Vor Schmerzen ging er ganz gebückt, und von der täglichen Schufterei wurden seine Schritte langsamer. Bruno war verärgert und verbittert, weil er dazu verdammt war, bis ans Ende seiner Tage Eimer zu schleppen. Er verbrachte immer weniger Zeit in seiner Hängematte und mehr Zeit in der Kneipe. Als die Kneipenbesitzer Bruno kommen sahen, flüsterten sie: „Hier kommt Bruno, der Eimer-Mann." Und sie lachten, wenn der Säufer des Dorfes Brunos gebückte Haltung und seinen schlurfenden Gang nachäffte. Bruno gab keine Runden mehr aus und machte keine Witze mehr, sondern zog es vor, allein in einer dunklen Ecke zu sitzen, umgeben von geleerten Flaschen.

Endlich war Pablos großer Tag gekommen – die Pipeline war fertig! Die Dorfbewohner scharten sich um den Brunnen, als das Wasser aus der Pipeline in den Brunnen schoss. Da das Dorf nun eine gesicherte Frischwasserversorgung hatte, zogen die Menschen aus der Umgebung in das Dorf und trugen zu dessen Wachstum und Wohlstand bei.

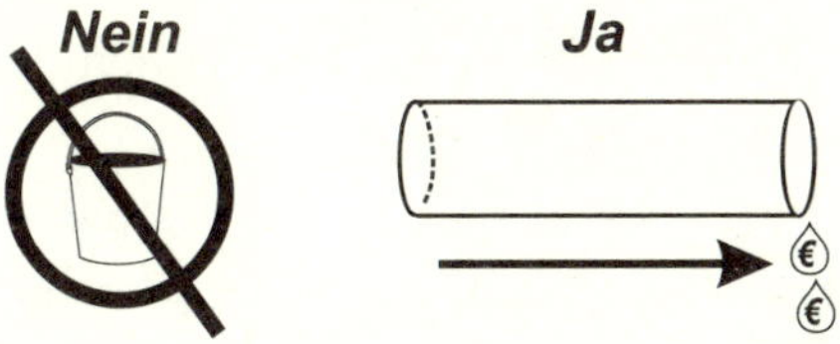

Als die Pipeline fertig gestellt war, musste Pablo keine Eimer mehr tragen. Das Wasser floss, ob er nun arbeitete oder nicht. Es floss, wenn er aß. Es floss, wenn er schlief. Es floss am Wochenende, wenn er die Freizeit genoss. Je mehr Wasser in das Dorf floss, desto mehr Geld floss in Pablos Taschen!

Pablo, der Pipeline-Mann, wurde bald als Pablo, der Wundertäter, bekannt. Politiker lobten seine Weitsicht und baten ihn, als Bürgermeister zu kandidieren. Pablo wusste jedoch, dass er kein Wunder vollbracht, sondern nur die erste Stufe eines sehr großen Traumes gemeistert hatte. Pablo hatte also Pläne, die weit über sein Dorf hinaus Wirkung zeigten.

Pablo plante, auf der ganzen Welt Pipelines zu bauen!

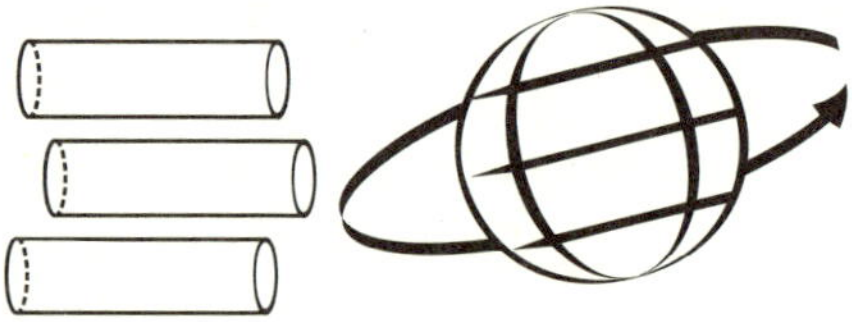

Freunde zur Unterstützung werben

Für Bruno, den Eimer-Mann, bedeutete die Pipeline das Ende seines Geschäfts, und Pablo konnte es kaum mit ansehen, dass sein alter Kumpel in der Kneipe um kostenlose Getränke bettelte. Also vereinbarte er ein Treffen mit Bruno.

„Bruno, ich bin hergekommen, um dich um Hilfe zu bitten."

Bruno richtete sich auf und formte seine dunklen Augen zu Schlitzen. „Mach dich nicht über mich lustig", zischte Bruno.

„Ich bin nicht hergekommen, um anzugeben", sagte Pablo. „Ich bin hergekommen, um dir ein tolles Geschäft anzubieten. Ich habe mehr als zwei Jahre gebraucht, um meine erste Pipeline fertig zu stellen. Aber in diesen zwei Jahren habe ich viel dazugelernt! Ich weiß, welche Werkzeuge man benutzen muss. Wo man graben muss. Wie man die Leitung verlegen muss. Ich habe mir während der Arbeiten Notizen gemacht und ein System entwickelt, auf dessen Grundlage ich noch eine weitere Pipeline bauen kann … und dann noch eine … und noch eine ... usw.

Ich könnte alleine eine Pipeline pro Jahr bauen. Aber so würde ich meine Zeit nicht auf die beste Weise nutzen. Daher plane ich, dir und anderen beizubringen, wie man eine Pipeline baut ... und dann kann jeder von euch es wieder anderen beibringen ... bis jedes Dorf in der Gegend seine eigene Pipeline hat ... dann jedes Dorf im Land ... und es schließlich eine Pipeline zu jedem Dorf auf der Welt gibt!

„Stell dir bloß mal vor", fuhr Pablo fort, „wir könnten einen kleinen Anteil jeder Gallone, die durch diese Pipelines fließt, an Gewinn machen. Je mehr Wasser durch die Pipelines fließt, desto mehr Geld wird in unsere Taschen fließen. Die Pipeline, die ich gebaut habe, ist noch längst nicht das Ende meines Traumes. Sie ist erst der Anfang!"

Bruno erkannte endlich den großen Plan. Er lächelte und reichte seinem alten Kumpel die schwielige Hand. Sie schüttelten sich gegenseitig die Hände ... und dann umarmten sie einander wie lange verloren geglaubte Freunde.

Pipeline-Träume in einer Welt von Wasserträgern

Die Jahre vergingen. Pablo und Bruno hatten sich längst zur Ruhe gesetzt. Ihr weltweites Pipeline-Geschäft pumpte immer noch viele Millionen pro Jahr auf ihre Bankkonten. Manchmal begegneten Pablo und Bruno auf ihren Streifzügen durchs Land jungen Männern, die Eimer mit Wasser trugen.

Die Freunde aus Kindertagen pflegten dann zu den jungen Männern hinzugehen, ihnen ihre Geschichte zu erzählen und ihnen anzubieten, ihnen beim Bau einer eigenen Pipeline behilflich zu sein. Einige hörten ihnen zu und waren ganz wild auf die Gelegenheit, ein eigenes Pipeline-Geschäft aufzubauen. Die meisten Wasserträger waren allerdings von vornherein gegen eine solche Idee eingestellt. Pablo und Bruno mussten sich immer und immer wieder die gleichen Ausreden anhören.

„Ich habe keine Zeit dafür."

„Ein Freund erzählte mir von einem anderen Freund, der einen Freund hatte, der auch versucht hatte, eine Pipeline zu bauen, aber es klappte nicht."

„Nur wer früh genug mit dem Pipeline-Bau angefangen hat, kann Geld damit verdienen."

„Ich habe mein ganzes Leben lang Eimer geschleppt. Ich halte mich an das, was ich kann."

„Ich kenne Leute, die ihr ganzes Geld bei einem Pipeline-Betrug verloren haben. Das soll mir nicht passieren."

Es machte Pablo und Bruno ganz traurig, dass kaum einer genügend Weitblick hatte.

Die beiden Männer mussten sich damit abfinden, dass sie in einer Welt von Wasserträgern lebten … und dass es nur sehr wenige Leute wagten, Pipeline-Träume zu träumen.

TEIL EINS

Wir leben in einer Welt von Wasserträgern

LEKTION EINS

Was sind Sie? – Wasserträger? Oder Pipeline-Bauer?

„Bruno, ich habe einen Plan“, sagte Pablo am nächsten Morgen, als sie sich ihre Eimer griffen und sich zum Fluss auf den Weg machten. „Statt die Eimer hin- und herzuschleppen und dafür nur je einen Pfennig zu bekommen, sollten wir lieber eine Pipeline vom Fluss ins Dorf bauen.“

Bruno blieb wie angewurzelt stehen.

„*Eine Pipeline!* Hat man so etwas je gehört?“, rief Bruno.

— *aus: Die Parabel von der Pipeline*

Was sind Sie? – Wasserträger? Oder Pipeline-Bauer?

Werden Sie nur dann bezahlt, wenn Sie an Ihrem Arbeitsplatz erscheinen und arbeiten – wie Bruno, der Wasserträger?

Oder erledigen Sie Ihre Arbeit ein einziges Mal und werden dann immer wieder dafür entlohnt – wie Pablo, der Pipeline-Bauer?

Wenn es Ihnen wie den meisten anderen Menschen geht, dann arbeiten Sie nach dem Wasserträger-Schema. Ich nenne es die „Zeit-gegen-Geld-Falle“. Sie kennen die Übung:

Eine Stunde Arbeit entspricht der Bezahlung für eine

Stunde.

Ein Monat Arbeit entspricht der Bezahlung für einen Monat.

Ein Jahr Arbeit entspricht der Bezahlung für ein Jahr.

Klingt das nicht vertraut?

Das Problem beim Wassertragen besteht darin, dass der Geldeingang aufhört, wenn die Arbeit aufhört. Das heißt, dass die Vorstellung von einem „sicheren Job“ oder einem „Traumjob“ schlicht eine Illusion ist. Die mit dem Wassertragen verbundene Gefahr besteht nämlich darin, dass das Einkommen zeitlich begrenzt statt permanent ist.

Wenn Bruno also eines Tages mit schmerzendem Rücken aufwachte und nicht aufstehen könnte, wie viel Geld würde er an diesem Tag verdienen? Null!

Keine Arbeit, kein Geld!

Und dies gilt für jede Art von Wasserträgerjobs. Wenn Wasserträger die ihnen zustehenden Krankheits- und Urlaubstage aufgebraucht haben und dann immer noch nicht mit dem Wassertragen weitermachen können, bekommen sie auch kein Gehalt mehr. So einfach ist das.

Kein Eimer = Kein Lohn

Zahnärzte können keine Wassereimer mehr tragen

Hier nun ein Beispiel aus dem wahren Leben. Meine

frühere Zahnärztin war die beste Zahnärztin, die ich je hatte. Sie war sehr professionell – verhielt sich hervorragend, wenn man auf dem Behandlungsstuhl saß. Eine tolle Persönlichkeit. Kannte sich technisch gut aus – jeder Besuch bei ihr war fast schmerzfrei. Und sie liebte ihre Arbeit. Sie setzte ihre Arbeitszeiten selbst fest (ihre Praxis war nur an drei Tagen pro Woche geöffnet, damit sie ihre Wochenenden, die sie mit der Familie verbrachte, auf vier Tage ausdehnen konnte).

Mit diesen drei Arbeitstagen pro Woche in einem Beruf, den sie liebte, verdiente sie mehr als 100.000 Dollar pro Jahr. Das war also der absolute Traumjob eines Wasserträgers.

Es gab nur ein Problem. Noch bevor sie 40 Jahre alt war, erkrankte sie an Arthritis in den Händen und konnte nicht mehr arbeiten. Heute lehrt sie an einer Provinzuniversität und bekommt nur noch ein Drittel dessen, was sie als Zahnärztin verdiente. Ganz ohne ihre eigene Schuld ging ihr Traumjob flöten.

Jetzt verstehen Sie vielleicht besser, warum ich auf dem Standpunkt stehe, dass es keinen sicheren Wasserträgerjob gibt. Verstehen Sie, wie verletzlich Wasserträger sind?

Das Problem bei der Geld-gegen-Zeit-Falle besteht darin, dass man kein Geld bekommt, wenn man keine Zeit zur Verfügung stellen kann!

Pablo, der Pipeline-Mann, erkannte die Grenzen des Eimertragens schon sehr früh – und machte sich daran, ein System zu schaffen, mit dessen Hilfe er weiter bezahlt werden würde, auch wenn er keine Zeit aufwenden könnte.

Pablo war klar, dass es beim Eimertragen keine Sicherheit gibt. Ihm war klar, dass eine Pipeline eine Rettungsleine ist.

Was würde Ihnen passieren, wenn Sie keine Zeit mehr zur Verfügung stellen könnten?

Wie wäre das in Ihrem Falle — was würden Sie tun, wenn Sie ab morgen kein Einkommen mehr hätten?

Was würde passieren, wenn Sie Ihren Job verlieren würden?

Was würde passieren, wenn Sie krank oder arbeitsunfähig würden und keine Eimer mehr tragen könnten?

Was, wenn ein Krankheitsfall Ihr Erspartes aufbrauchen würde?

Was, wenn Ihr Notgroschen sich über Nacht in Luft auflösen würde?

Wenn Sie ab morgen kein Einkommen mehr hätten, wie lange könnten Sie dann noch Ihre Hypothek abzahlen … oder Ihre Raten für den Autokauf … oder die Ausbildung Ihrer Kinder finanzieren?

Sechs Monate? Drei Monate? Drei Wochen?!!!!

Ihr finanzielles Polster

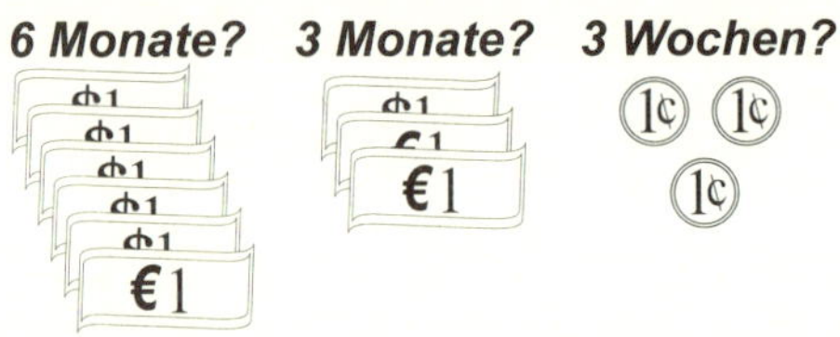

Wenn ein Unglück passieren würde, hätten Sie dann Rettungsleinen, um sich selbst und Ihre Familie zu retten? Oder setzen Sie darauf, dass das Wassertragen so lange weitergeht, wie Sie das Einkommen benötigen?

Ob Sie nun einen Besen oder einen Stift schwingen oder

irgendeinem anderen Beruf nachgehen ..., Sie tauschen in jedem Falle eine Zeiteinheit gegen eine Geldeinheit ein.

Wo ist hier die Sicherheit?

Pipelines arbeiten, während Sie sich ausruhen

Wie Pablo sagte: „Es muss doch eine einfachere Methode geben!"

Glücklicherweise gibt es sie.

Sie nennt sich Pipeline – kontinuierlich fließendes Einkommen – Einkommen, das eingeht, ob Sie nun arbeiten oder nicht. Die einzige Möglichkeit, echte Sicherheit aufzubauen, besteht darin, es Pablo gleichzutun – eine Pipeline zu bauen, solange Sie noch Eimer tragen können!

Pipelines sind Rettungsleinen, denn sie versetzen Menschen in die Lage, der Zeit-gegen-Geld-Falle zu entkommen. Wenn Sie eine Pipeline bauen, erledigen Sie die Arbeit ein einziges Mal, werden aber immer wieder dafür entlohnt.

Pipelines sind 24 Stunden am Tag, sieben Tage pro Woche und 365 Tage im Jahr geöffnet. Das bedeutet, dass Pipelines Geld einbringen, wenn Sie schlafen oder wenn Sie sich ausruhen. Oder wenn Sie sich zur Ruhe gesetzt haben. Oder wenn Sie krank oder arbeitsunfähig sind. Oder in akuten Notfällen.

Darin bestehen die Stärken des kontinuierlichen Einkommens.

Und daher behaupte ich, dass Ihre Pipelines Ihre Rettungsleinen sind!

Pipelines = Rettungsleinen

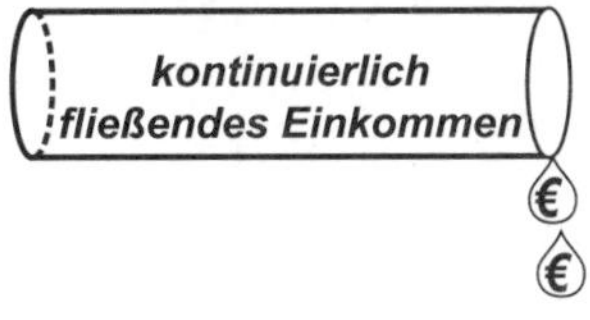

LEKTION ZWEI

Wir leben in einer Welt von Wasserträgern

„Wir haben doch einen tollen Auftrag, Pablo. Ich kann 100 Eimer pro Tag tragen. Bei einem Pfennig pro Eimer macht das eine Mark pro Tag! Ich bin reich! Nach einer Woche kann ich mir ein Paar neue Schuhe kaufen. Nach einem Monat eine Kuh. Nach einem halben Jahr kann ich mir eine neue Hütte bauen. Wir haben den besten Job im Ort. Wir haben am Wochenende frei und bekommen zwei Wochen Urlaub bezahlt. Wir sind gemachte Männer! Lass mich in Ruhe mit deiner Pipeline."

— *aus: Die Parabel von der Pipeline*

Ein Arzt, der einmal seine vierjährige Tochter in den Kindergarten brachte, hatte sein Stethoskop auf dem Sitz des Autos liegen gelassen. Das Kind griff danach und fing an, damit zu spielen.

„Mein Töchterchen will mir nacheifern und später einmal Ärztin werden", dachte er sich. „Das ist einer der schönsten Momente in meinem Leben."

Das Kind hängte sich das Stethoskop um den Hals und hielt den Fühler wie ein Mikrofon vors Gesicht.

„Willkommen bei McDonald‘s. Darf ich Ihre Bestellung aufnehmen?“

Diese nette kleine Geschichte zeigt, warum wir uns von Wasserträgerjobs angezogen fühlen. Es ist unser Nachahmungstrieb. Das kleine Mädchen war schon so oft bei McDonald‘s gewesen, dass sie das Stethoskop mit einem Headset verwechselte und die Art und Weise, wie die Kunden bedient wurden, nachahmte.

Wie das Mädchen verwechseln die meisten Menschen das Eimertragen mit dem Pipeline-Bauen. Wir beobachten, wie 99% der Menschen Eimer tragen. Also nehmen wir automatisch an, dass das Eimertragen die einzige Art und Weise sei, an das zu kommen, was wir im Leben brauchen.

Wasserträger im Vergleich zu Pipeline-Bauern

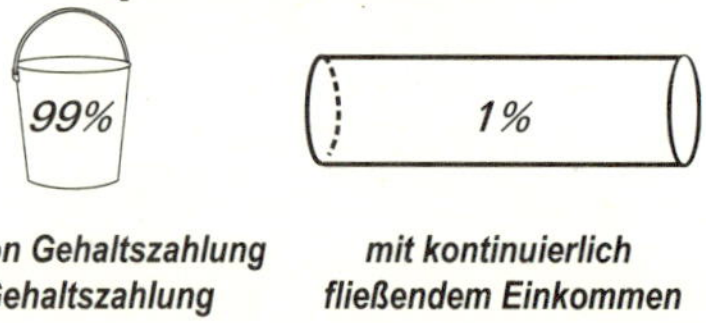

Und daher fiel es Bruno so schwer, die Stärken von Pipelines zu durchschauen – Pablo war der erste Pipeline-Bauer, den Bruno kennen lernte! Bruno war gegen Pipelines, weil sie etwas Neues darstellten. Bruno erschienen sie unerprobt. Bruno erschienen sie radikal und risikoreich.

Die meisten Menschen denken wie Bruno. Wir wachsen auf umgeben von bankrotten Wasserträgern und glauben, dass das einfach so sein muss. Das erinnert mich an den Autoaufkleber, der mir kürzlich auffiel:

100.000 Lemminge können nicht irren!

Die Leute glauben das Gleiche in Bezug auf Wasserträger – *100 Millionen Wasserträger können nicht irren! Doch, das können sie!*

Lemmingmentalität

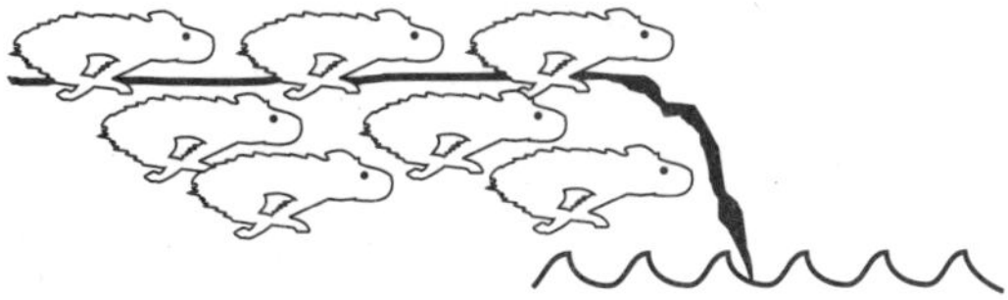

Der Einstieg ins Wasserträger-Geschäft

Seien wir doch einmal ehrlich – es gibt wesentlich mehr Wasserträger als Pipeline-Bauer auf der Welt.

Warum ist dies so?

Weil Wassertragen das Modell ist, nach dem sich unsere Eltern richteten und das sie uns lehrten. Das Wasserträger-Modell lehrt uns, dass man in einer Welt von Wasserträgern einfach nur auch Wasserträger werden muss, um Erfolg zu haben:

Geh' in die Schule und lerne, wie man Wasser trägt. Streng dich an. Erarbeite dir die Möglichkeit, immer größere Eimer zu tragen. Wechsle von Eimerfirma A zu Eimerfirma B, bei der du noch viel größere Eimer tragen darfst. Mache Überstunden, damit du noch mehr Eimer tragen kannst. Schick die Kinder auf die Uni fürs Eimertragen. Steige vom Metalleimertragen aufs Plastikeimertragen um. Träume von dem Tag, an dem du in den Ruhestand gehen kannst. So lange musst du die Eimer schon tragen …

Was erhalten all diese Eimerträger für ihre Mühen?

Überraschend wenig.

Laut der im Parade-Magazin jährlich veröffentlichten Verdienst-Übersicht verdient der durchschnittliche Arbeiter in den USA pro Jahr 28.500 Dollar, davon gehen noch 20 % Steuern ab, sodass lediglich 22.500 Dollar zum Leben übrig bleiben.

Wenn wir ehrlich sind, müssen wir einsehen, dass 22.500 Dollar zum Leben nicht ausreichen, um die Grundbedürfnisse einer vierköpfigen Familie zu befriedigen. Und das bedeutet, dass die meisten Menschen verzweifelt nach mehr Geld Ausschau halten!

Durchschnittliches Einkommen eines Wasserträgers

= € 28,500

Eimer-Parade

Was tun Eimerträger also, wenn sie mehr Geld brauchen? Da ihnen die Mentalität eines Eimerträgers eigen ist, denken sie sich eine typische Eimerträger-Lösung aus – wenn du mehr Geld brauchst, musst du mehr Eimer tragen!

„*Ich werde noch einen zweiten Eimerträgerjob annehmen und auch am Abend und an den Wochenenden Eimer tragen*", sagt Vater Wasserträger.

„Ich kann auch wieder in meinen Eimerträgerjob zurück, wie früher, bevor die Kinder kamen", sagt Mutter Wasserträger.

„Die Kinder können auch Eimerträgerjobs annehmen, wenn sie mit der Schule fertig sind und in den Sommerferien", kündigen die Eltern Wasserträger an.

Und so wird es gemacht. Was ist jedoch das Ergebnis?

Heutzutage haben die Nordamerikaner die längsten Arbeitszeiten der Welt, d. h. sie arbeiten sogar länger als die arbeitswütigen Japaner. Funktioniert der „Verdiene mehr Geld durch das Tragen von mehr Eimern"-Plan also?

Kurz gesagt: Nein!

Und das sind die harten Fakten:

- Die Schulden der Konsumenten sind so hoch wie nie zuvor. Die Schulden der Haushalte in den USA haben sich in den letzten 17 Jahren mehr als vervierfacht. Der durchschnittliche Haushalt hat heute pro verfügbarem Dollar 95 US-Cent Schulden.

- Der Anteil der Frauen, die arbeiten, um der Familie Geld zuzuschießen, hat sich in den letzten 20 Jahren mehr als verdoppelt und ist von 19 % im Jahr 1980 auf heute 46 % gestiegen.

- Immer mehr Leute nehmen eine zweite oder dritte Hypothek auf ihr größtes Wirtschaftsgut – ihr Haus – auf – um Rechnungen zu bezahlen!

- Fälle von persönlichem Bankrott sind von Jahr zu Jahr gestiegen und lagen im Jahr 2000 bei 1,4 Millionen — und das, obwohl sich die Wirtschaft im Aufschwung befand!

Was ist also an diesem Bild verkehrt?

Der Trugschluss, immer größere Wassereimer zu tragen

Wasserträger sind der Meinung, dass größere Wassereimer auch größere Gehaltszahlungen bedeuten. Also reden sich Wasserträger ein, dass alles gut werden würde, wenn sie nur einen Job finden könnten, bei dem sie größere Wassereimer zu tragen bekommen.

Wasserträger fragen sich ständig, wie viel andere Wasserträger wohl verdienen. Das Statistische Bundesamt der USA beobachtet die Stundenlöhne in verschiedenen

Tätigkeiten. Wie steht Ihr Stundenlohn im Vergleich zu anderen Berufen da?

Stundenlöhne*

(Quelle: Statistisches Bundesamt der USA)

Tätigkeit	Stundenlohn
Fastfood-Koch	6,29 $
Tankstellenwärter	7,34 $
Hausmeister	8,44 $
Einzelhandelsverkäufer	9,12 $
Sekretärin	11,86 $
Dachdecker	13,63 $
Automechaniker	13,97 $
LKW-Fahrer	14,08 $
Feuerwehrmann	15,63 $
Briefträger	16,39 $
Bankangestellter	20,05 $
Computerprogrammierer	25,67 $
Chemieingenieur	29,44 $
Physiker	33,23 $
Rechtsanwalt	36,49 $
Zahnarzt	44,40 $
Ärzte, Chirurgen	49,05 $

Wenn man davon ausgeht, dass die meisten Menschen 40 Stunden pro Woche arbeiten *(obwohl sie vielleicht sogar 50 Stunden oder mehr pro Woche arbeiten müssen!)* und im Jahr zwei Wochen bezahlten Urlaub bekommen, dann

*Ähnliche Zahlen gelten auch für Europa

ergibt sich für fünf der oben genannten Berufe das folgende Jahreseinkommen:

Jahreseinkommen*

1. Koch	**13.083 $**
2. Einzelhandelsverkäufer	**18.970 $**
3. Briefträger	**34.091 $**
4. Rechtsanwalt	**75.899 $**
5. Arzt	**102.024 $**

Wenn Sie nun also Koch oder Einzelhandelsverkäufer oder Briefträger wären und sich das Jahreseinkommen eines Rechtsanwalts oder Arztes ansehen würden, dann dächten Sie vielleicht: „Wenn ich jedes Jahr so viel Geld verdienen würde, dann wäre ich finanziell unabhängig! Dann müsste ich nachts nicht mehr wach liegen und mir Gedanken über die Rechnungen machen!"

Einkommen von Wasserträgern

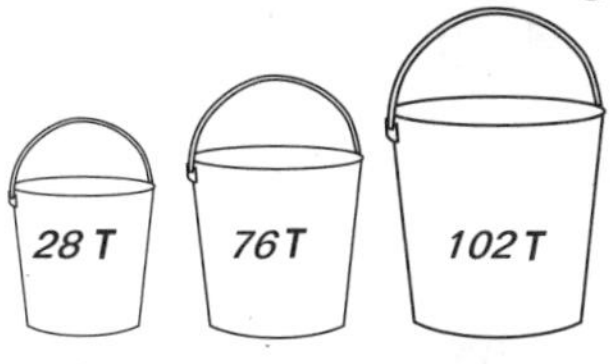

Es stimmt zwar, dass der Eimer des Arztes viel größer ist als der des Kochs – etwa zehnmal so groß! Aber das bedeutet nicht, dass der Arzt finanziell unabhängig ist. Er ist von seinem Wasserträgerjob genauso abhängig wie der Koch oder der Briefträger.

Und zwar aus einem ganz einfachen Grund: Akademiker verdienen mehr als einfache Arbeiter … *aber sie geben auch mehr aus!* Es ist tatsächlich so, dass Ärzte oder Rechtsanwälte,

*Ähnliche Zahlen gelten auch für Europa

deren Jahreseinkommen sechsstelligen Beträgen entspricht, den größten Teil ihres Einkommens auch wieder ausgeben, um ihren aufwendigen Lebensstil pflegen zu können.

Vergleichen wir einmal, was ein einfacher Arbeiter und was ein Akademiker durchschnittlich ausgeben:

Der einfache Arbeiter fährt einen gebrauchten Wagen im Wert von 5.000 Dollar. Der Arzt oder Rechtsanwalt fährt einen Lexus im Wert von 45.000 Dollar.

Der einfache Arbeiter schickt seine Kinder in eine kostenlose öffentliche Schule. Der Arzt oder Rechtsanwalt zahlt für eine Privatschule.

Der einfache Arbeiter besitzt ein Haus im Wert von 75.000 Dollar. Der Arzt oder Rechtsanwalt besitzt ein Haus im Wert von 350.000 Dollar.

Der einfache Arbeiter geht einmal pro Woche bei Pizza Hut auswärts essen. Der Arzt oder Rechtsanwalt geht zweimal pro Woche in noble Restaurants zum Essen.

Der einfache Arbeiter kann sich keinen Urlaub leisten. Der Arzt oder Rechtsanwalt fährt mit seiner Familie jedes Jahr zum Skifahren nach St. Moritz.

Der einfache Arbeiter spielt auf einem öffentlichen Platz Golf. Der Arzt oder Rechtsanwalt ist Mitglied in einem exklusiven Golfclub (oder gleich in zwei).

Sie verstehen, was ich meine?

Die Menschen beneiden Ärzte oder Rechtsanwälte oder Wirtschaftsprüfer, weil sie große Eimer schleppen dürfen. Es mag zwar stimmen, dass der Eimer des Arztes zehnmal so groß ist wie der des Kochs. Allerdings gibt der Arzt auch zehnmal so viel aus, und beide enden sie in der gleichen Misere – von einer Gehaltszahlung zur nächsten leben zu müssen!

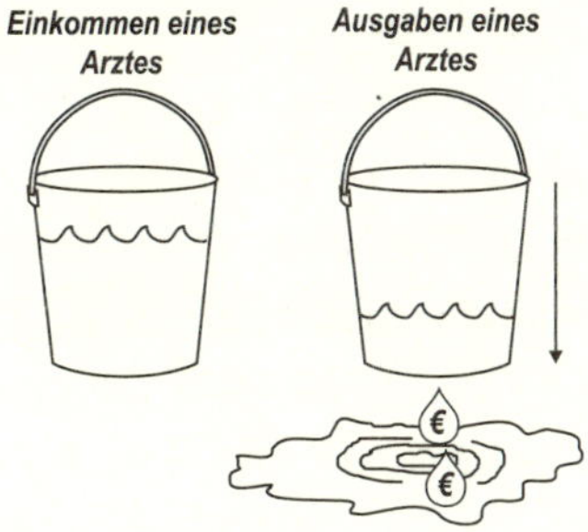

Alle Eimer werden irgendwann einmal leer

Thomas J. Stanley und William D. Danko, die Autoren des Bestsellers *The Millionaire Next Door*, stellten fest, dass das Tragen großer Eimer nicht gleichbedeutend damit ist, Reichtum zu schaffen. Die Autoren kamen zu diesem Ergebnis, indem sie Menschen in teuren Wohngegenden beobachteten und annahmen, dass Leute, die teure Autos fahren und in teuren Wohnungen leben, auch reich sind.

Eine vollkommen falsche Annahme! Stanley und Danko gelangten zu folgender überraschender Schlussfolgerung in Bezug auf die Schaffung von Reichtum:

„Die meisten Menschen haben eine völlig falsche Vorstellung in Bezug auf Reichtum in Amerika. Reichtum ist nicht das Gleiche wie Einkommen. Wenn Sie ein gutes Jahreseinkommen erzielen und alles wieder ausgeben, werden Sie nicht reicher. Sie haben nur einen hohen Lebensstandard. Reichtum ist das, was Sie ansparen, nicht das, was Sie ausgeben. Wie wird man reich? Auch hier haben die meisten Menschen falsche Vorstellungen. Selten ist Reichtum auf Glück, eine Erbschaft oder einen hohen akademischen Grad zurückzuführen. Nicht einmal Intelligenz führt mit Sicherheit dazu, dass Leute ein Vermögen beiseite legen. Reichtum ist vielmehr das Ergebnis eines Lebensstils, der

mit harter Arbeit, Ausdauer, Planung und vor allen Dingen Selbstdisziplin verbunden ist."

Mit anderen Worten: Unabhängig davon, wie groß die Eimer sind, werden sie eines Tages leer sein. Im Gegensatz dazu versorgen sich Pipelines selbst. Aber Pipelines erfordern ein Opfer. Pipelines bauen sich nicht von selbst. Sie müssen die Zeit und die Mühe aufwenden, um sie zu bauen.

Ein größerer Eimer ist nicht die Lösung des Problems

Jeder würde die Größe seines Eimers gern steigern. Niemand wird die jährliche Gehaltserhöhung oder einen besser bezahlten Job ablehnen. Wenn Wassertragen Ihre einzige Einkommensquelle ist, bin ich der Meinung, dass Sie den größten Eimer, den Sie bekommen können, tragen sollten. Das ist nur vernünftig.

Aber es lässt sich nicht leugnen, dass das Eimertragen Sie nie finanziell unabhängig machen wird. Wassertragen wird für Sie und Ihre Familie niemals Sicherheit bringen – unabhängig davon, wie groß Ihre Eimer sind!

Warum?

Denn solange Sie Eimer tragen, müssen Sie am Arbeitsplatz erscheinen und arbeiten, um bezahlt zu werden. Von dem Tag an, an dem Sie aufhören, Eimer zu tragen, wird kein Geld mehr eingehen!

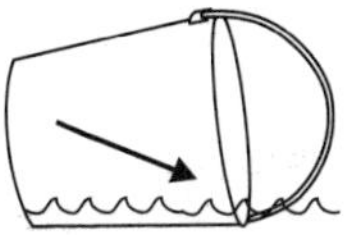

- ***Krankheit oder Unfall***
- ***Entlassung***
- ***Ruhestand***

Viele Wasserträger haben sich schon von dem Millionär von nebenan zu dem bankrotten Typen von nebenan entwickelt, weil sie es versäumt haben, Pipelines zu bauen, als sie noch Eimer tragen konnten. Als der Eimer leer blieb, blieb auch das Leben leer.

„Pipelines sind deine Rettungsleinen", pflegte mein Vater zu sagen.

Wird Ihnen langsam klar, warum?

TEIL ZWEI

Deine Pipelines sind deine Rettungsleinen

LEKTION DREI

Die Stärken der Pipeline

> Aber Pablo ließ sich nicht so leicht von seiner Idee abbringen. Er erklärte seinem besten Freund in aller Ruhe seinen Pipeline-Plan. Einen Teil des Tages wollte Pablo weiterhin Eimer schleppen; den anderen Teil und die Wochenenden wollte er mit dem Bau der Pipeline verbringen. Er wusste, dass es ein harter Job sein würde, einen Schacht in den steinigen Boden zu graben. Da er nach Eimern bezahlt wurde, war ihm klar, dass sein Einkommen zunächst sinken würde. Es war ihm auch klar, dass es ein Jahr, wenn nicht gar zwei Jahre dauern würde, bis seine Pipeline ihm einen ansehnlichen Ertrag einbringen würde. Aber Pablo glaubte an seinen Traum und machte sich an die Arbeit.
>
> — *aus: Die Parabel von der Pipeline*

Nun folgt die Geschichte zweier vollkommen gegensätzlicher Menschen – eines großartigen Baseball-Spielers und einer Grundschullehrerin in einer Kleinstadt.

Sie hätten unterschiedlicher nicht sein können – ein junger Mann und eine etwas ältere Dame. Er hatte ein Jahreseinkommen von mehreren Millionen, während sie es nie zu mehr als 10.000 Dollar pro Jahr brachte. Er lebte sein Leben im Rampenlicht, sie verbrachte ihres in einer Kleinstadt in Massachusetts.

Dies waren aber nur geringe Unterschiede im Vergleich zu den persönlichen und finanziellen Entscheidungen, die beide trafen. Einer von beiden baute nämlich Pipelines und setzte sich als Multimillionär zur Ruhe. Der andere blieb Wasserträger und kämpft, während ich diese Zeilen hier schreibe, ums Überleben, weil er so gut wie bankrott ist.

Die Geschichten handeln von zwei sehr unterschiedlichen Menschen. Aber darum geht es gar nicht. Es geht um die Entscheidungen, die die beiden trafen, und die Lektionen, die Sie davon ableiten können. Wenn Sie die beiden Geschichten gelesen haben, dürfte es Ihnen vollkommen klar sein, warum der Bau von Pipelines der einzige Weg zur wahren Sicherheit und echten finanziellen Unabhängigkeit ist.

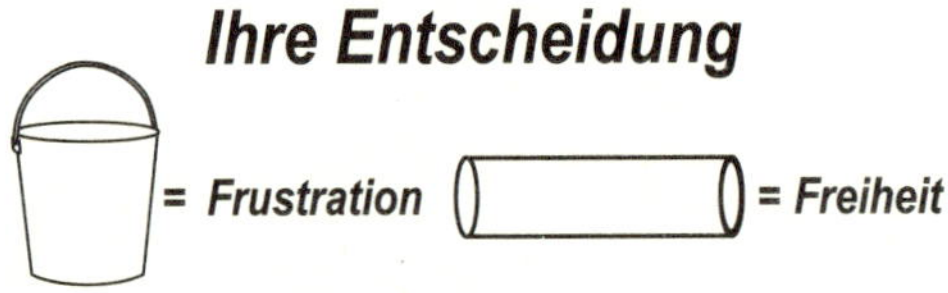

Die Ballade des Baseball-Spielers

Fangen wir also mit der Geschichte des berühmten Baseball-Spielers an. Im Laufe der Jahre traf dieser talentierte Sportler verschiedene falsche Entscheidungen – sowohl im persönlichen als auch im finanziellen Bereich.

Seine persönlichen Entscheidungen führten zu einer zerbrochenen Ehe, Alkoholmissbrauch und Drogenabhängigkeit. Das ist eigentlich schon schlimm genug. Seine finanziellen Entscheidungen waren jedoch ebenso verheerend, denn er ist inzwischen außerdem noch pleite. Ich bin sicher, Sie wissen, wie der Sportler heißt; er steht seit mehr als 20 Jahren im Rampenlicht. Sein Name ist Darryl Strawberry. Seine Geschichte soll Ihnen eine Warnung sein und zeigen, was Sie NICHT tun sollten, um finanzielle Unabhängigkeit zu erlangen.

Darryl Strawberry spielt fast sein halbes Leben professionell Baseball. Der heute 42-Jährige stieg in die wichtigsten Ligen auf, als er noch nicht einmal 20 Jahre alt war, und wurde sofort als der „neue Ted Williams“ gefeiert.

Strawberry hat während seiner Karriere ein Vermögen verdient – zwischen 2 und 5 Millionen Dollar im Jahr. Und dies nur durch das Baseballspielen. Dazu kamen pro Jahr weitere Millionen durch Sponsoring, persönliche Auftritte, Reden und Autogrammstunden, sodass er vor Ende seines 40. Lebensjahres 50 bis 100 Millionen Dollar verdient hatte.

Strawberries halten sich nicht ewig

Ein Typ, der soviel Geld verdient, müsste doch ein gemachter Mann sein, oder?

Falsch.

Laut einer Meldung in einer Lokalzeitung hat „Strawberry kein Einkommen und keine Ersparnisse, um seine jetzige Frau, Charisse, und die drei Kinder zu versorgen …“

100 Millionen Dollar und nichts davon übrig. Was ist passiert?

Er hat das Geld ausgegeben.

Teure Häuser. Teure Autos. Teure Rechtsanwälte, um seine Konflikte mit dem Gesetz zu verteidigen. Teure Scheidung. Teure Drogen- und Alkohol-Rehabilitationskliniken.

Zwischenzeitlich wurde Strawberry vom Baseballspielen suspendiert. Das bedeutet, dass er nun auch kein Einkommen mehr zu erwarten hat. Das Einzige, was immer noch eingeht, sind die Rechnungen. Und diese gehen Tag für Tag ein, Monat für Monat, mit schöner Regelmäßigkeit wie der Regen während des Monsuns.

Wie man der Millionär von nebenan wird

Die zweite Geschichte hat ein ganz anderes Ende. Es geht um die Geschichte der Kleinstadtlehrerin Margaret O'Donnell, und sie zeigt, dass man keine großen Eimer tragen muss, um große Pipelines zu bauen.

Frau O'Donnell war mehr als 50 Jahre als Lehrerin tätig. Als sie über 70 war und sich zur Ruhe setzte, verdiente sie etwa 8.500 Dollar pro Jahr. Als sie mit 100 Jahren starb, hinterließ sie zehn verschiedenen Wohltätigkeitsorganisationen, z. B. der Kirchengemeinde, der sie angehörte, und einer Pfadfindergruppe, knapp 2 Millionen Dollar.

Wie konnte eine Frau, die ein Jahreseinkommen von weniger als 10.000 Dollar hatte, ein solches Vermögen anhäufen? Ganz einfach. Sie baute sich eine langfristige Vermögensanlage-Pipeline, indem sie monatlich regelmäßige Zahlungen leistete und in sichere Aktien investierte, die mit der Zeit Zinsen und Zinseszinsen trugen.

Der Bau langfristiger Pipelines

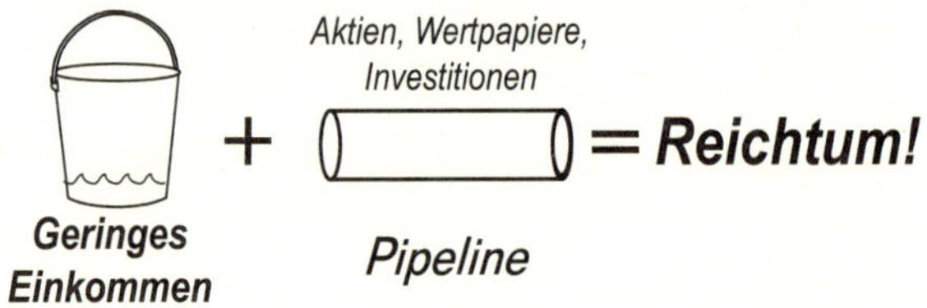

„Margaret liebte Aktien", sagte ihr Börsenmakler Bob Wolanske. „Bei unserem ersten Zusammentreffen warf Sie mir drei Aktien auf den Schreibtisch und fragte: ‚Was soll ich mit diesen Hunden machen?', womit sie die Aktien meinte, die gefallen waren."

In den nächsten 20 Jahren entwickelte sich Margarets Portfolio, zu dem auch verschiedene Spitzenpapiere, steuerfreie Anleihen und andere Aktien gehörten, prächtig. Die meisten Aktien behielt sie bis zu ihrem Tode. Ihre Kapitalanlagen rührte sie nur selten an, was dazu führte, dass ihre Ruhestands-Rettungsleine Jahr für Jahr für Jahr stärker wurde.

Kleine Opfer, großer Lohn

Sollten Sie nun aber denken, Margaret sei eine dieser alten Jungfern gewesen, die jeden Pfennig zweimal umdrehen und gebrauchte Teebeutel aufheben, dann irren Sie sich gewaltig. Sie ging sehr häufig mit Freunden zum Essen aus, fuhr einen neueren Buick und flog oft nach Europa, um dort längere Zeit Urlaub zu machen. Sie legte sich keine Entbehrungen auf. Jedoch verhielt sie sich diszipliniert und zurückhaltend, wenn es ums Geldausgeben ging. Und sie legte jeden Monat Geld zur Seite, jeden Monat, auch noch als Rentnerin.

Sie sehen also: Margaret war das klassische Beispiel eines langfristigen Pipeline-Bauers. Schon mit Anfang 20 fing sie an, ihr Geld zu sparen und anzulegen. Und das tat sie bis zu ihrem Tode im Alter von 100 Jahren (wie Sie in den folgenden Kapiteln erfahren werden, werden Pipelines mit der Zeit immer größer).

Züchten Sie Ihre Pipelines heran

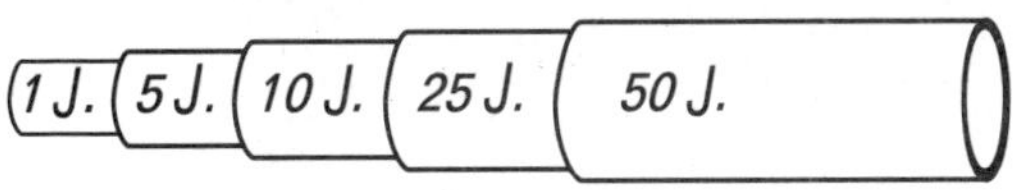

Wie Pablo haben die meisten Pipeline-Bauer in den ersten Tagen oder gar Jahren ihrer Bemühungen nicht viel vorzuweisen. Aber stetige und disziplinierte Anstrengungen über längere Zeit können kleine Beiträge in große Gewinne verwandeln.

Pipelines pumpen und pumpen, auch wenn Eimer längst leer sind

Verstehen Sie jetzt, was ich meine, wenn ich von der Stärke der Pipelines spreche? Darryl Strawberry trug jahrelang einen großen Eimer. Und was kann er heute davon vorweisen? Nichts als Kartons voller unbezahlter Rechnungen!

Strawberry hatte 20 Jahre Zeit, um seine Pipelines zu bauen. Hätte er nur 10 % seines Einkommens für sich arbeiten lassen, indem er sich seine Pipeline auf dem Börsenmarkt gebaut hätte, könnte er heute eine Rettungsleine im Wert von 20 bis 100 Millionen Dollar sein Eigen nennen.

Aber er hat dies nicht getan.

Verpasste Gelegenheit

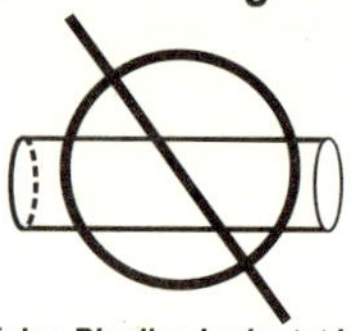

Keine Pipeline bedeutet kein kontinuierlich fließendes Einkommen

Strawberry war davon ausgegangen, dass sein großer Eimer niemals austrocknen würde. Dies war eine falsche Annahme. Eimer füllen sich nicht von selbst auf, mögen sie noch so groß sein. Und das hängt damit zusammen, dass der Wasserträger den Eimer schleppen muss, um ihn aufzufüllen. Wenn er mit dem Schleppen aufhört – was durch den Ruhestand … durch

Krankheit … oder durch Erschöpfung bedingt sein kann –, dann fängt der Eimer an auszutrocknen.

Im Gegensatz dazu pumpen Pipelines Profite auch dann noch auf Ihr Konto, wenn die Eimer längst ausgetrocknet sind. Und diese Regel gilt für Träger von großen Wassereimern ebenso wie für Träger von kleinen. Wie ich schon sagte: Nicht die Größe des Eimers zählt. Leute mit großen Eimern leben meistens auch auf großem Fuße. Der Schlüssel zur finanziellen Unabhängigkeit liegt darin, die Mentalität des Pipeline-Bauers anzunehmen – und dann den Pipeline-Plan in die Tat umzusetzen!

Modell des großen Eimers

Je kleiner der Eimer, desto wichtiger ist der Bau einer Pipeline

Viel Geld zu verdienen, garantiert nicht automatisch finanzielle Unabhängigkeit. Nur Pipelines können dies. Wenn Sie sich nicht für die Pipeline-Strategie entscheiden, wird Ihr Eimer mit Sicherheit irgendwann einmal leer sein!

Ich habe Ihnen die Geschichte von Darryl Strawberry erzählt, um die Sache ein wenig zu übertreiben – denn, wenn selbst ein Eimer, der so groß ist wie der von Darryl Strawberry, austrocknen kann, wie sieht es dann mit Ihrem aus?

Stellen Sie sich das einmal vor. Strawberry lebte von einer Gehaltszahlung zur nächsten.

Und wie ist das bei Ihnen?

Strawberry verschwendete sein Geld und seine Zeit, obwohl

er beides sinnvoll für seine Rettungsleine hätte einsetzen können.

Und wie ist das bei Ihnen?

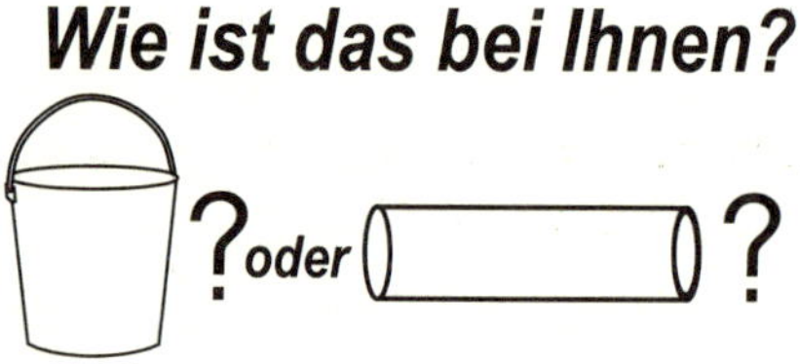

Sicher traf Strawberry einige falsche Entscheidungen, die ihn viel Geld kosteten. Seine folgenreichste finanzielle Fehlentscheidung war jedoch sein Versäumnis, Pipelines zu bauen. Und dies ist unverzeihlich! Was hat er sich bloß dabei gedacht?

Margaret O'Donnell war dagegen weise genug, Pipelines zu bauen, als sie noch Eimer tragen konnte. Als die Zeit des Eimertragens für sie zu Ende ging, pumpten ihre Pipelines weiterhin Geld auf ihr Konto.

Sie müssen sich entscheiden

Nun frage ich Sie, in welcher finanziellen Situation würden Sie sich lieber befinden – in der von Darryl Strawberry? Oder der von Margaret O'Donnell? Wenn Sie sich lieber in der von Margaret O'Donnell befinden würden, müssen Sie sofort mit dem Pipeline-Bau beginnen!

Pipelines sind Rettungsleinen, weil sie sich selbst versorgen. Sie mögen von Zeit zu Zeit ein wenig Wartung erfordern. Und Reparaturen. Vielleicht sogar einen teilweisen Neubau. Aber Pipelines können Jahr für Jahr Profite erbringen.

Ihre Entscheidung

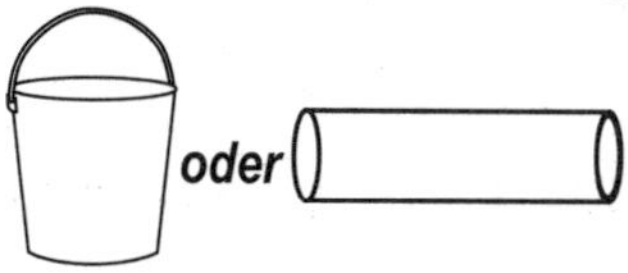

„Ihre Entscheidungen, nicht der Zufall, bestimmen Ihr Schicksal."

Darryl Strawberry und Margaret O'Donnell hatten beide die Wahl. Darryl Strawberry entschied sich für die Eimer. Margaret O'Donnell entschied sich für die Pipelines.

Die beiden haben ihre Entscheidungen getroffen. Nun müssen Sie Ihre treffen.

LEKTION VIER

Hebelkraft: Die Stärke hinter der Pipeline

> Als die Pipeline fertig gestellt war, musste Pablo keine Eimer mehr tragen. Das Wasser floss, ob er nun arbeitete oder nicht. Es floss, wenn er aß. Es floss, wenn er schlief. Es floss am Wochenende, wenn er die Freizeit genoss.
>
> Je mehr Wasser in das Dorf floss, desto mehr Geld floss in Pablos Taschen!
>
> — *aus: Die Parabel von der Pipeline*

Die Hebelwirkung ist ein großartiges Konzept – ein Konzept, das die Entwicklung unserer Kultur verändert hat.

Denn ohne Hebelwirkung würden Sie dieses Buch nicht in Ihren Händen halten!

Lassen Sie mich dies näher erläutern.

Um 1445 verwandelte ein junger Unternehmer aus Mainz namens Johannes Gutenberg eine Weinkelter in die erste kommerzielle Druckerpresse der Welt. Er druckte 180 Exemplare der Gutenberg-Bibel und verkaufte diese innerhalb weniger Tage.

Gutenberg hatte mit seiner Druckerpresse sofortigen Erfolg. Innerhalb weniger Jahrzehnte entstanden in ganz Europa Druckerpressen. Mitte des 17. Jahrhunderts waren acht Millionen gedruckter Bücher in Europa im Umlauf, was der zehnfachen Anzahl Bücher, die in allen vorangegangenen Jahrtausenden entstanden waren, entspricht!

Bücher von Eimerträgern vs. Publizieren wie Pipeline-Bauer

Die Gutenberg-Presse zerstörte das „Bücher von Eimerträgern"-Muster. In der Zeit vor Gutenberg wurden Bücher von Kopisten und Mönchen per Hand abgeschrieben. Es konnte Jahre dauern, bis ein handgeschriebenes Buch fertig gestellt war. Diese Bücher waren so teuer, dass sie sich nur Könige und Fürsten leisten konnten.

Gutenberg brachte die große Veränderung. Bei der Druckerpresse setzte der Buchdrucker die Lettern ein einziges Mal ... und konnte dann ganz leicht Tausende identischer Kopien herstellen. Mit Hilfe der Druckerpresse konnte der Drucker seine Zeit und sein Geld wirksam nutzen und seine Produktivität dramatisch steigern.

Beim „Bücher von Eimerträgern"-Modell besteht eine Eins-zu-eins-Beziehung zwischen Aufwand und Ergebnis. Ein einstündiger Aufwand führt zu dem Ergebnis, das man in einer Stunde erzielen kann. Wenn ein Schreiber einen Tag benötigte, um eine Seite abzuschreiben, dann benötigte er 100 Tage, um 100 Seiten zu produzieren.

Dann kam die Druckerpresse – das Pipeline-Bauer-Modell. Nehmen wir einmal an, ein Drucker des 15. Jahrhunderts brauchte einen Tag, um eine Seite in Lettern zu setzen, sodass er am Ende des Tages also lediglich eine einzelne Druckvorlage erstellt hätte.

Modell der handgeschriebenen Bücher

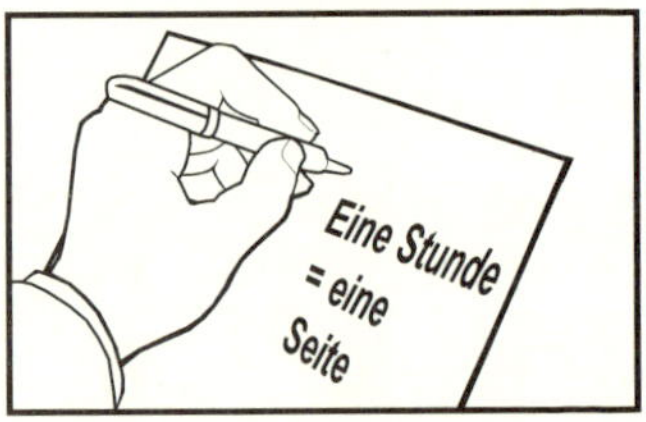

Aber am nächsten Tag konnte der Drucker zur Arbeit gehen und 100 Kopien dieser Seite drucken! Mit anderen Worten benötigte der Drucker zwei Tage, um dasselbe Ergebnis zu erzielen, das ein Schreiber in 100 Tagen erzielt hätte. Darin besteht also die Stärke der Hebelkraft!

Bei dem Pipeline-Bauer-Modell ist das Verhältnis von Aufwand und Ergebnis nicht mehr 1:1. Wenn wir Hebelkraft einsetzen, bleibt der Aufwand gleich, aber das Ergebnis kann 100 Mal … 1.000 Mal … oder sogar Millionen Mal größer sein!

Modell der Druckerpresse

1 Stunde = 100 Seiten

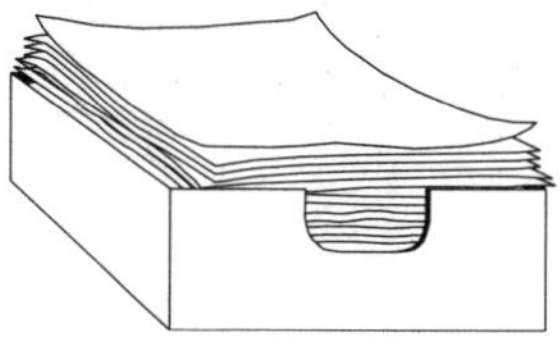

Zwei Arten Hebelkraft: Zeit und Geld

„Hebelkraft" bedeutet, dass eine schwere Last durch Einsatz eines Hebels leichter gemacht werden kann, so leicht sogar, dass selbst ein Kind die Last problemlos anheben könnte.

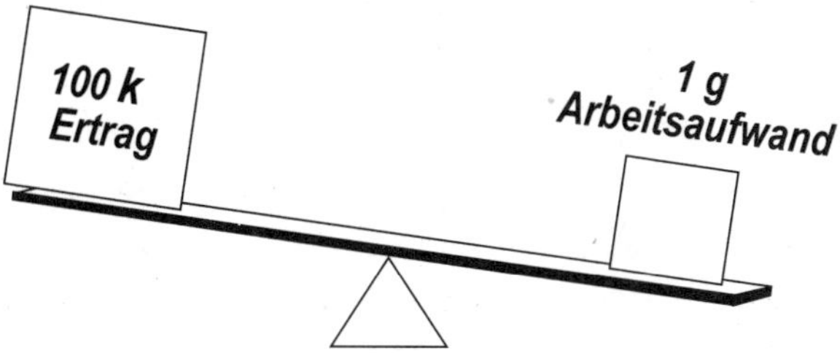

Wenn wir das Prinzip der Hebelkraft auf Zeit und Geld anwenden, passiert genau dasselbe – die Resultate werden potenziert.

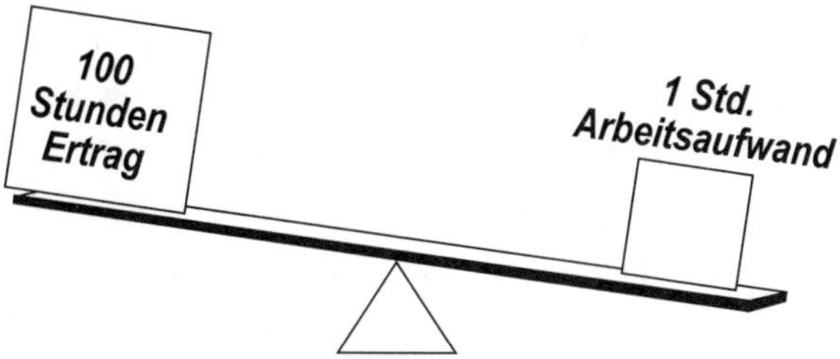

Im Falle der Zeit zum Beispiel kann ein einstündiger Aufwand zu 100 Produktionsstunden führen. Der Aufwand einer Woche kann zu der Produktion eines Jahres führen.

Im Falle des Geldes kann sich jeder investierte Euro potenzieren, bis er ein Vielfaches seines Ausgangswertes erreicht hat.

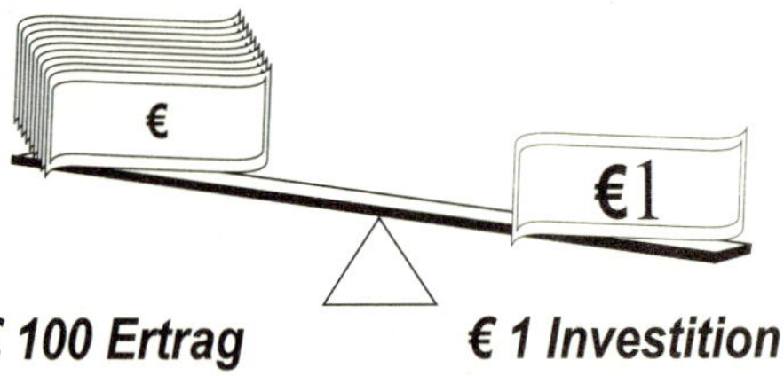

Klassische Beispiele von Hebelkraft

Die Druckerpresse ist ein Beispiel für die Hebelwirkung von Zeit, Geld und Aufwand. Die Hebelkraft durchbricht die Gleichung, wonach einer Zeiteinheit eine Geldeinheit entspricht. Die Hebelkraft ermöglicht es, leichter, und nicht härter, arbeiten zu können. Und genau darin besteht die Stärke jeder Pipeline.

Zeit wirksam einsetzen: Das Einstellen von Mitarbeitern ist ein klassisches Beispiel dafür, wie man seine Zeit wirksam einsetzen kann. Nehmen wir einmal an, Sie wollten ein Restaurant eröffnen. Sie könnten selbst als Inhaber ... Kellner ... Koch ... Tellerwäscher ... und Buchhalter tätig sein und trotzdem Gewinn machen. Allerdings könnten Sie zu jeder Zeit immer nur an einem Ort sein und müssten also Mitarbeiter einstellen, die bestimmte Tätigkeiten verrichteten.

Wenn Sie Ihren zehn Mitarbeitern jeweils 10 Euro Stundenlohn zahlten, müssten Sie pro Stunde 100 Euro als Lohn aufwenden. Wenn Sie in Ihrem Restaurant durchschnittlich 1.000 Euro pro Stunde einnehmen, landet der Gewinn nach Abzug aller Ausgaben in Ihrer Tasche.

Wirksamer Zeiteinsatz in einem kleinen Unternehmen

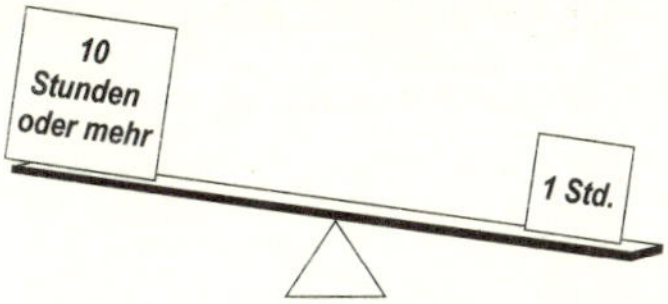

Geld wirksam einsetzen: Ein klassisches Beispiel des wirksamen Einsatzes von Geld besteht in Investitionen an der Börse. Sie haben vielleicht schon von Warren Buffett gehört. An der Wall Street gilt er als lebende Legende. Er ist der zweit- oder drittreichste Mann der Welt. Zu seinem Reichtum kam er auf die altmodische Methode – er ließ das Geld anderer Menschen für sich arbeiten und machte sich selbst und andere dabei reich.

Wie reich? Sehen Sie einmal her. Hätten Sie beispielsweise im Jahre 1965 10.000 Dollar in Buffets Berkshire-Hathaway-Aktien angelegt und das Geld dort Jahr für Jahr Erträge bringen lassen, wäre Ihre Investition im Jahr 1998 auf – jetzt halten Sie sich fest – 51 Millionen Dollar angewachsen!! Wie würde es Ihnen gefallen, eine solche Pipeline zu besitzen?!!

Vor 35 Jahren kostete eine Berkshire-Hathaway-Aktie nur 19 Dollar. Ende 1998 war diese Einzelaktie etwa 70.000 Dollar wert.

Wirksame Geldanlage in Berkshire-Hathaway-Aktien

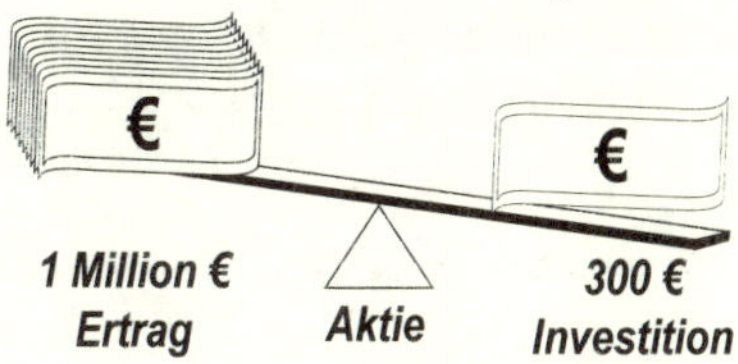

Dies bedeutet, dass Sie aus einer Einlage im Wert von 300 Dollar im Jahr 1965 bis heute eine Million Dollar hätten machen können! Unglaublich!

Es lohnt sich, Pipelines zu bauen

Verstehen Sie jetzt, worin die Stärken von Pipelines liegen? Die Berkshire-Hathaway-Aktie ist der Beweis dafür, dass die Hebelkraft zu Ergebnissen führt, die ein Mehrfaches des Aufwands betragen!

Überlegen Sie sich einmal, wie viel Anstrengung es Sie im Jahr 1965 gekostet hätte, 300 Dollar zusammenzutragen. Zwei oder drei Tage Arbeit ... vielleicht auch eine Woche, mehr aber nicht. Stellen Sie sich das einmal vor – wenn die 300 Dollar erst einmal angelegt waren, mussten Sie nichts weiter tun, denn Ihre Pipeline war bereits fertig gestellt. Die einzige Arbeit, die Sie nun noch zu tun hatten, bestand darin, hin und wieder die Aktienkurse in der Zeitung zu verfolgen.

Seien Sie einmal ehrlich – wäre es nicht wunderbar, wenn Sie aus 300 Dollar einfach so, ohne einen Finger zu krümmen, eine Million Dollar machen könnten?

Sehen Sie, wie der kluge Gebrauch der Hebelkraft wenig Geld oder wenig Zeit zu einem Vielfachen des Einsatzes machen kann? Erscheint es Ihnen nicht sehr sinnvoll, einen Mechanismus zu kennen, mit dessen Hilfe Sie aus einem Euro 100 Euro … oder aus einer Stunde 100 Stunden machen könnten?

Wäre es nicht angenehm, die Arbeit ein einziges Mal zu erledigen und die Hebelkraft den Rest tun zu lassen?

Liebe Leser, wenn Sie von den Vorteilen der Hebelkraft

profitieren möchten, dann müssen Sie genau das tun, was die Pipeline-Bauer Pablo und Warren Buffett taten – halten Sie noch heute nach einem Mechanismus Ausschau, mit dessen Hilfe Sie Ihre Zeit und Ihr Geld wirksam einsetzen können … *und schon morgen werden Sie sich an der großen Belohung erfreuen!*

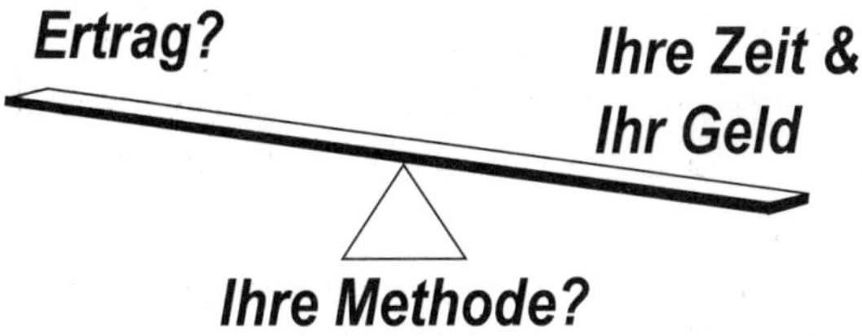

LEKTION FÜNF

Wirksamer Geldeinsatz: Die Palm-Beach-Pipeline

> „Stell dir bloß mal vor", fuhr Pablo fort, „wir könnten einen kleinen Anteil jeder Gallone, die durch diese Pipelines fließt, an Gewinn machen. Je mehr Wasser durch die Pipelines fließt, desto mehr Geld wird in unsere Taschen fließen. Die Pipeline, die ich gebaut habe, ist noch längst nicht das Ende meines Traumes. Sie ist erst der Anfang!"
>
> — *aus: Die Parabel von der Pipeline*

Der Legende nach verliebte sich einer der historischen Kaiser von China in ein damals neues Brettspiel namens „Schach". Der Kaiser wollte den Erfinder des Spiels belohnen. Er ließ ihn zu sich in den Kaiserpalast kommen und verkündete seinem Hofstaat, dass der Mann einen Wunsch frei hätte.

„Eure Hoheit, ich fühle mich sehr geehrt", murmelte der Erfinder bescheiden. „Ich wünsche mir ein Korn Reis."

„Nur ein Korn Reis?", fragte der Kaiser erstaunt.

„Na ja, nur ein Korn für das erste Quadrat des Schachbretts, dann die doppelte Anzahl, also zwei, für das nächste Quadrat … vier Körner für das dritte … und so weiter, bis das einzelne

Reiskorn auf jedem Quadrat verdoppelt wurde. Das ist mein einfacher Wunsch.“

Das gefiel dem Kaiser. „Ich habe solch ein wunderbares Spiel zu solch einem günstigen Preis erhalten“, dachte er bei sich. „Meine Vorfahren sind mir wohlgesinnt.“

„Der Wunsch sei dir erfüllt!“, rief der Kaiser. „Holt das Schachbrett und lasst jedermann hier Zeuge unserer Vereinbarung sein.“

Der ganze Hofstaat versammelte sich um das Schachbrett. Ein Küchenjunge brachte einen Sack mit einem Pfund Reis und gab ihn dem Erfinder, der lächelte, als er den Sack öffnete.

„Geh lieber noch einmal in die Küche und hole einen größeren Sack“, sagte der Erfinder zu dem Küchenjungen. Der Hofstaat lachte laut auf und hielt die Bemerkung für Sarkasmus. Dann fing der Erfinder an, Reiskörner auf das Brett zu legen und verdoppelte bei jedem Quadrat die Anzahl Körner:

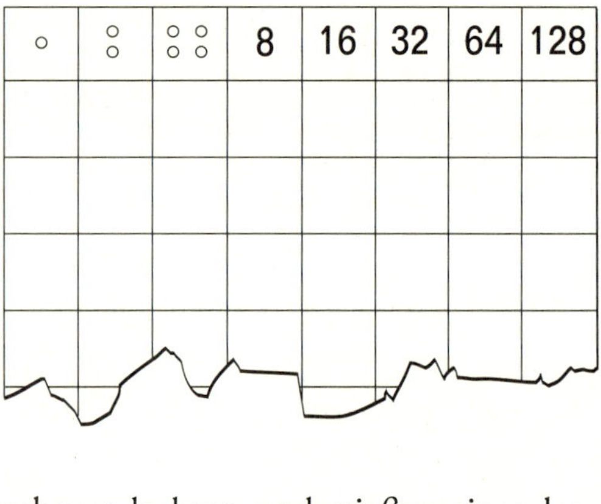

Die Zuschauer lachten und stießen einander gegenseitig an, während die erste Reihe des Schachbretts gefüllt wurde ... 1 ... 2 ... 4 ... 8 ... 16 ... 32 ... 64 ... 128 Reiskörner. Doch das Gelächter ging schon bald in Ausrufe des Erstaunens über, als die zweite Reihe nur halb gefüllt war, denn aus kleinen Reiskörnern waren schnell kleine Säckchen Reis geworden … aus denen bald mittelgroße und dann sogar ziemlich große Säcke mit Reis wurden.

○	○ ○	○ ○ ○ ○	8	16	32	64	128
256	512	1T	2T	4T	8T	16T	32T
….	….	….	….	….	….	….	….
….	….	….	….	….	….	….	….
….	….	….	….	….	….	….	….

Am Ende der zweiten Reihe wurde dem Kaiser klar, dass er einen schweren Fehler begangen hatte. Er schuldete dem Erfinder bereits 32.768 Reiskörner, *und es waren immer noch 48 Quadrate leer!*

Der Kaiser brach das Spiel ab und ließ die weisesten Mathematiker des Landes holen. Sie verschoben die Perlen ihrer Rechenbretter und machten hastige Notizen auf ihre Schiefertafeln. Nach viel aufgeregter Geschäftigkeit kamen sie einstimmig zu folgendem Ergebnis:

Ein Reiskorn, das pro Quadrat eines Schachbretts mit 64 Quadraten verdoppelt wird, ergibt *18 Millionen Billionen Reiskörner – und dies wiederum entspricht der Menge an Reis, die es auf der ganzen Welt gibt – multipliziert mit 10!*

Der Kaiser gebot Einhalt und machte dem Erfinder ein Angebot, das dieser nicht ausschlagen konnte – wenn der Kaiser von dieser Vereinbarung entbunden würde, bekäme der Erfinder einen Landsitz mit mehreren Hundert Morgen fruchtbaren Feldern für den Reisanbau. Der Erfinder nahm dieses Angebot dankbar an. Alle gratulierten ihm und stießen auf seine Weisheit und seine Cleverness an. Und er zog sich voller Freude auf seinen Landsitz zurück und lebte noch viele Jahre mit allen Annehmlichkeiten.

Das Prinzip der Verdoppelung: Das achte Weltwunder

Die Geschichte des Kaisers und des Erfinders zeigt uns die Stärken des Verdoppelungsprinzips. Dieses Prinzip existiert, seit die erste Bank dem ersten reichen Kaufmann Zinsen für ein Guthaben zahlte. Das bedeutet also, dass es sich um ein bewährtes und lange erprobtes Konzept handelt.

Der Erfinder und die Mathematiker des Kaisers waren vielleicht die ersten Menschen, die sich der Stärke der Verdoppelung bewusst wurden. Sie waren jedoch sicher nicht die letzten. Jahrhunderte später erkannte ein anderer berühmter Mathematiker, Albert Einstein, die Ehrfurcht gebietende Kraft der Verdoppelung und nannte dies das „achte Weltwunder“.

Das Verdoppelungsprinzip ist zu solch einem Meilenstein der Vermögensbildung geworden, dass ich es nach der vornehmen Stadt in Florida, in der Hunderte der weltweit reichsten Erben auf teuren Anwesen direkt am Atlantik leben, die „Palm-Beach-Pipeline“ nennen möchte.

Die Reichen von Palm Beach müssen für ihr Geld nicht arbeiten. *Sie lassen das Geld für sich arbeiten!* Wie funktioniert das? Sie investieren große Summen ererbten Geldes in Pipelines, die jedes Jahr große Profite abwerfen, ob die Anleger nun arbeiten oder nicht.

Die „Palm-Beach-Pipelines“ werden durch das Verdoppelungsprinzip angetrieben, was dazu führt, dass sich die glücklichen Erben einen aufwendigen Lebensstil leisten können … und dabei immer noch reicher werden! Das bedeutet es also, alles auf einmal zu bekommen.

Die 72er-Regel: Die Regel der Reichen

Um besser verstehen zu können, wie reiche Leute noch reicher werden, sollten wir uns die „72er-Regel“, ein verblüffendes Konzept zur Vermögensbildung, das die besten Investitionsmakler der Welt ihren reichen Klienten beibringen, einmal näher betrachten. Die 72er-Regel ist eine einfache Formel, mit der man errechnen kann, wie viele Jahre es dauern würde, bis sich eine Investition verdoppelt hat. Und so funktioniert sie:

Das Verdoppelungsprinzip
oder die 72er-Regel

1) **Ermitteln Sie den jährlichen Zinssatz für Ihre Anlage**
2) **Teilen Sie die Zahl 72 durch den Zinssatz**
3) **Das Ergebnis entspricht der Anzahl Jahre, die es dauert, bis sich Ihre Anlage verdoppelt hat**

Nehmen wir also einmal an, eine Erbin legt 100.000 Euro in Aktien an, die eine jährliche Rendite von 10 % erbringen. Darauf wenden wir die 72er-Regel an:

Anwendung der 72er-Regel

Stufe 1:	**100.000 Euro ursprüngliche Investition**
Stufe 2:	**10 % Jahresrendite**
Stufe 3:	**72 geteilt durch 10 = 7,2 Jahre**
Auszahlung:	**aus 100.000 Euro würden in 7,2 Jahren 200.000 Euro**

Wenn die Erbin den Gewinn nicht ausgibt und lange genug durchhält, würde sich die ursprüngliche Anlage in Höhe von 100.000 Euro in 7,2 Jahren auf 200.000 Euro verdoppeln ... in 14,4 Jahren gar auf 400.000 Euro ... auf 800.000 Euro in 21,6 Jahren ... und auf 1,6 Millionen Dollar in 28,8 Jahren ... und so weiter und so fort ... vervielfachen. Sie sehen also: Je länger das Geld Zinseszinsen tragen kann, desto größer ist die Pipeline.

Durch den wirksamen Einsatz der Kraft des Zinseszinses können Leute, die ein Vermögen in Millionenhöhe erben, ein königliches Leben führen und ihren Kindern dennoch ein noch größeres Vermögen hinterlassen!

Die Zauberei des Zinseszinses ist der Grund dafür, dass Tausende von Erben namens Kennedy ... DuPont ... Firestone ... Ford ... Rockefeller ... und Getty an einem luxuriösen Lebensstil festhalten können, ohne dass sich ihr Vermögen verringert. Tatsächlich wird ihr Eimer niemals leer, weil die Pipeline Jahr für Jahr, jahrzehntelang, oder im Falle der Rothschild-Erben gar mehr als zwei Jahrhunderte lang, Geld in ihre Taschen pumpt!

Kinder und Geld

Zum Glück sind Pipelines, die durch den wirksamen Einsatz von Geld gebaut wurden, nicht nur etwas für reiche Leute. Normale Menschen können auch von dem Prinzip der Verdoppelung profitieren, wie wir aus der Geschichte von Margaret O'Donnell gelernt haben, einer Lehrerin mit vergleichsweise geringem Verdienst, die auf dem Aktienmarkt mehrere Millionen Dollar erzielte.

Wie setzen also normale Menschen ihr Geld wirksam ein, um eine langfristige Pipeline zu schaffen?

Diese Frage kann man am besten anhand eines kleinen Büchleins mit dem Titel „Kids and Money" („Kinder und Geld") von Michael J. Searls erklären. Eigentlich könnte das Buch auch „Menschen und Geld" heißen, denn die von Searls erläuterten Prinzipien gelten für junge Leute ebenso wie für alte Menschen.

Als früherer erfolgreicher Börsenmakler an der Wall Street und Vater von vier Kindern empfiehlt Searls ein einfaches System, um Kindern beizubringen, mit ihrem Geld verantwortungsbewusster umzugehen.

Er rät Eltern, drei Plastikbehälter folgendermaßen zu beschriften: Topf 1: „Ausgeben", Topf 2: „Sparen" und Topf 3: „Anlegen". Wenn die Eltern den Kindern das wöchentliche Taschengeld geben, verteilen sie es zu gleichen Teilen auf die Töpfe.

Kinder & Geld

Der „Ausgeben"-Topf ist für sofortige Ausgaben – z. B. Kaugummis, Baseball-Karten usw. Dieses Geld wird auch für wohltätige Zwecke verwendet.

Der „Sparen"-Topf ist für größere Ausgaben, wie z. B. eine neue CD oder ein Videospiel.

Der „Anlegen"-Topf unterscheidet sich von den anderen beiden darin, dass das darin befindliche Geld nicht für Ausgaben bestimmt ist und auch niemals dafür verwendet werden darf. Searls nennt diesen Topf „ … die wichtigste Komponente, denn wenn wir nichts auf die hohe Kante legen, wird das Schuldengespenst immer über unseren Köpfen schweben."

Erwachsene, die ernsthaft an der Schaffung langfristiger Investitions-Pipelines interessiert sind, müssen ihr Geld nach diesem Drei-Töpfe-System verwalten. Statt das Geld jedoch in Töpfe zu stecken, sollten sie es lieber auf ein Bankkonto oder in ein Depot legen.

Erwachsene & Geld

(Monatliche Ausgaben)
- Ratenzahlung für das Auto
- Essen & Wohnung
- Freizeit
- usw.

(Größere Ausgaben)
- Familienurlaub
- Ausbildung der Kinder
- Renovierung
- usw.

(Pipelines)
- Aktien & Wertpapiere
- Altersvorsorge
- Immobilien
- usw.

Bezahlen Sie sich selbst zuerst!

Der Schlüssel zum wirksamen Einsatz des Geldes besteht darin, „sich selbst zuerst zu bezahlen", indem man die regelmäßigen monatlichen Raten für die Anlagekonten berücksichtigt – und dann das Geld Zins und Zinseszins tragen lässt!

Bau einer langfristigen Pipeline

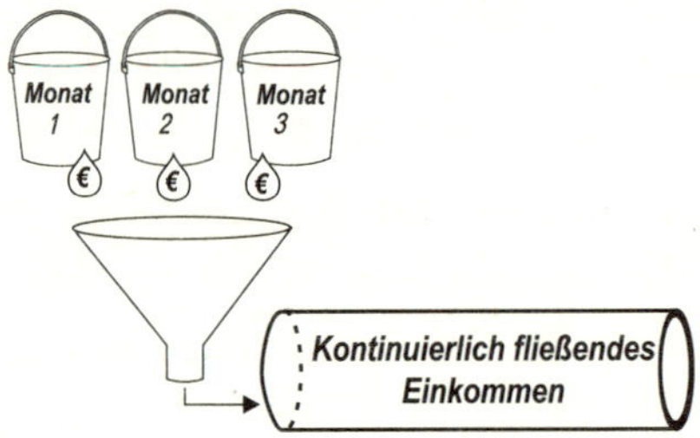

Die beste Methode, um Ihre Investitions-Pipelines zu finanzieren, besteht darin, Geld aus dem Einkommenstopf zu nehmen und es in die Pipelines zu investieren.

Wie aus normalen Menschen Millionäre werden

Schade, dass wir uns keine reichen Eltern aussuchen konnten – dann müssten wir uns jetzt keine Sorgen um „Zwangssparpläne“ und automatische Sozialabgaben machen.

Allerdings haben die meisten Millionäre in den USA ihr Vermögen nicht geerbt. Statistiken zufolge haben vier von fünf Millionären nie mehr als 10.000 Dollar geerbt. Jedoch ahmten sie einfach die Anlagestrategien der Rockefellers und der Kennedys nach.

Kurz gesagt, Millionäre aus eigener Kraft setzten ihr Geld wirksam ein, um ihre eigenen Palm-Beach-Pipelines zu bauen! Wie funktioniert das? Mit Hilfe des „Drei-Töpfe-Systems“ – statt jeden verdienten Cent auszugeben, platzieren diese Menschen einen beträchtlichen Teil ihres Einkommens in den „Anlegen“-Topf und lassen ihn Jahr für Jahr Zinsen tragen.

Typischerweise sparen Millionäre 15 bis 20 % ihres Bruttoeinkommens und legen es vernünftig in gewinnträchtige Pipelines an, wie z. B. Aktien, Wertpapiere, sichere Unternehmen, Mieteigentum, gewerblich genutzte Immobilien, Rentenversicherungen und Ähnliches.

Daher erreichen die meisten Millionäre die Millionengrenze nicht vor ihrem sechsten oder siebten Lebensjahrzehnt – es kann Jahrzehnte dauern, bis mit Zinsen größere Beträge erzielt werden. 10.000 Dollar ergeben bei einer Verzinsung von 10% nach sieben Jahren den doppelten Betrag in Höhe von

20.000 Dollar … in 50 Jahren erfolgt jedoch siebenmal eine Verdoppelung, *was beinahe 1,3 Millionen Dollar entspricht!*

Die Stärken der Verzinsung

€ 10,000 bei 10%-iger Verzinsung

Jahr 1	7	14	21	28	35	42	49
€ 10,000	20 T	40 T	80 T	160 T	320 T	640 T	1.3 M

Wenn Sie kein Geld haben, was können Sie stattdessen wirksam einsetzen?

Wäre es nicht schön, Millionär zu sein?

Dass Sie es schaffen können, sollten Sie wissen. Und Sie müssen auch nicht unbedingt im Lotto gewinnen.

Der Club der Millionäre war einmal etwas ganz Exklusives. Man musste aus der richtigen Familie stammen. Die richtigen Schulen besucht haben.

Das ist heute nicht mehr so. Heute können auch ganz normale Menschen Millionär werden. Der Club steht jedem offen, der die Disziplin besitzt, regelmäßig einen bestimmten Betrag des Einkommens anzulegen und mit der Zeit Zinsen tragen zu lassen.

Aber seien wir einmal ehrlich – nicht jeder hat genügend Geduld, um 40 oder 50 Jahre am Bau seiner Renten-Pipeline zu arbeiten. Und nicht jeder besitzt genügend Geld, um über Nacht eine Palm-Beach-Pipeline zu errichten.

Wäre es nicht eine tolle Sache, wenn es einen 5-Jahres-Pipeline-Plan gäbe, mit dessen Hilfe sich ganz normale Menschen ein kontinuierlich fließendes Einkommen schaffen könnten, ohne gleich ein halbes Vermögen investieren zu müssen?

Also, diesen 5-Jahres-Pipeline-Plan gibt es tatsächlich. Und das Beste daran: Sie brauchen gar nicht viel Geld, um diese Pipeline zu bauen. Denn statt Ihr Geld wirksam einzusetzen …, *setzen Sie Ihre Zeit wirksam ein!*

LEKTION SECHS

Wirksamer Zeiteinsatz: Die Pipeline des kleinen Mannes

> Während Bruno die Abende und Wochenenden in der Hängematte verbrachte, mühte sich Pablo an seiner Pipeline ab. In den ersten paar Monaten sah man nicht viel von Pablos Schufterei. Die Arbeit war hart – härter noch als Brunos, denn Pablo musste auch abends und am Wochenende arbeiten.
>
> Aber Pablo dachte immer wieder daran, dass die Träume von morgen auf den Entbehrungen von heute gebaut werden. Tag für Tag grub er, Zentimeter um Zentimeter.
>
> — *aus: Die Parabel von der Pipeline*

Es gibt ein altes Sprichwort der Appalachen, das den Unterschied zwischen Geldeinsatz und Zeiteinsatz sehr schön zum Ausdruck bringt. Es lautet wie folgt:

Man kann auf zwei verschiedene Arten auf den Wipfel einer alten Eiche gelangen. Man kann sich auf eine Eichel setzen und warten. Oder man kann hinaufklettern.

Wenn jemand sein Geld einsetzt, um über Jahrzehnte hinweg seine Pipeline zu bauen, dann hat er sich dafür entschieden, sich auf die Eichel zu setzen und zu warten. Das entspricht dem „50-Jahres-Pipeline-Plan". Denn darum geht es, wenn man Geld Zinsen tragen lässt – man wartet geduldig darauf, dass das Geld sich über die Jahre hinweg mehrmals verdoppelt.

Es besteht kein Zweifel daran, dass der „50-Jahres-Pipeline-Plan" funktioniert. Sie wissen ja, wie Margaret O'Donnells Pipeline aus der unterbezahlten Lehrerin eine Multimillionärin machte!!

Wie Margaret O'Donnell glaube auch ich an den Bau langfristiger Pipelines. Seit Jahren setze ich einen Teil meines Einkommens ein, um über Rentenversicherungen, Aktien, Immobilien „Palm-Beach-Pipelines" zu bauen. Ich baue also auf die Risikostreuung. So schaffe ich meine Rettungsleinen.

50-Jahres-Pipeline-Plan

- **Depositenkonten**
- **Bundesschatzbriefe**
- **Rentenpapiere**
- **Aktien & Wertpapiere**
- **Wohneigentum**
- **Sozialabgaben**
- **Altersversorgung**
- **Immobilien**

Allerdings finde ich es auch gut, auf Eichen zu klettern! Und das nenne ich den „5-Jahres-Pipeline-Plan". Dadurch erreicht man das gleiche Ziel wie mit dem „50-Jahres-Pipeline-Plan" – finanzielle Unabhängigkeit und Sicherheit. *Jedoch in 10 % der Zeit!*

Aus diesem Grund habe ich viel Zeit, Geld und Anstrengungen darauf verwendet, verschiedene schnellwachsende Unternehmen aufzubauen. Statt 50 Jahre warten zu müssen, bis ich auf dem Baumwipfel ankomme, kann ich ein Unternehmen aufbauen, das mich in zwei bis fünf Jahren dorthin bringt.

5-Jahres-Pipeline-Plan

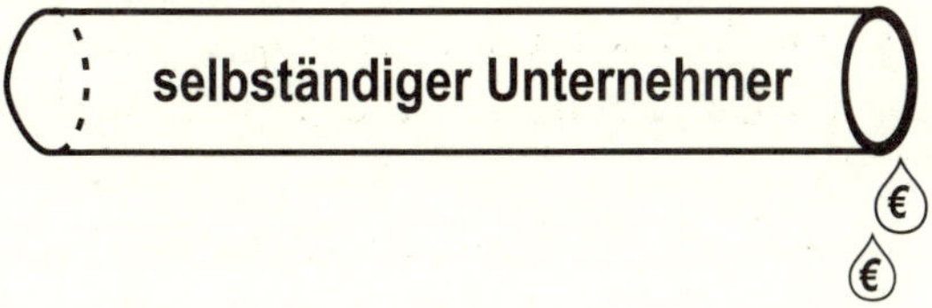

Die Zeit schafft gleiche Voraussetzungen für alle

Das Schöne am Zeiteinsatz besteht darin, dass uns allen gleich viel Zeit zur Verfügung steht. Und das bedeutet, dass die Zeit für die Reichen und für Otto Normalverdiener gleiche Voraussetzungen schafft. Donald Trump ... oder Donald dem LKW-Fahrer … beiden steht pro Tag gleich viel Zeit zur Verfügung.

Daher bezeichne ich den Zeiteinsatz als die „Pipeline des kleinen Mannes“. Zeit steht jedem – sei er/sie nun reich oder arm … Mann oder Frau … schwarz oder weiß … Akademiker oder Hauptschüler … alt oder jung – in gleichem Maße zur Verfügung. Und das trifft auf Geld eben nicht zu.

Betrachten Sie die Angelegenheit einmal folgendermaßen. Wäre es nicht eine tolle Sache, wenn Sie und jeder andere Mensch auch jeden Tag mit 1.440 Euro auf dem eigenen Bankkonto beginnen könnte? Das Geld würde Ihnen ganz allein gehören, und niemand könnte Ihnen Vorschriften machen, wie Sie es zu verwenden hätten. Sie könnten es ausgeben … anlegen … verpulvern … verbrennen … verschenken … wirksam einsetzen … oder verschwenden – alles in dem Wissen, dass Sie am nächsten Morgen wieder 1.440 Euro auf Ihrem Konto hätten. Wenn jedem täglich 1.440 Euro zur Verfügung stünden, lebten wir doch in einer besseren, faireren Welt, oder?

Wir wissen jedoch, dass das nicht so ist. Wenn es ums Geld geht, ist das Leben nicht fair. Einige Menschen werden eben schon in eine reiche Familie hineingeboren. Andere in eine weniger reiche Familie. Andere haben gar nichts. Soll das fair sein? Wahrscheinlich nicht. Aber so ist das Leben eben.

Wir beginnen nicht alle jeden Tag mit 1.440 Euro auf dem Bankkonto – das ist einmal sicher. Aber in puncto Zeit – da sieht es schon ganz anders aus. Wir beginnen alle unseren Tag mit 1.440 Minuten auf unserem Zeitkonto (24 Stunden pro Tag x 60 Minuten pro Stunde).

Da uns allen dieselbe Menge Zeit zur Verfügung steht, besteht der einzige Unterschied zwischen Menschen, die von Gehaltszahlung zu Gehaltszahlung leben, und Menschen, die finanziell unabhängig sind, darin, wie sie ihre tägliche Zuteilung von 1.440 Minuten einsetzen!

Sie haben mehr Zeit als Sie denken

Manche Menschen schieben den Pipeline-Bau immer wieder auf, weil „jetzt gerade kein günstiger Zeitpunkt ist“. Überlegen Sie mal – zurzeit ist für niemanden ein günstiger Zeitpunkt! Wir haben alle Stress. Wir haben alle viel zu tun. Wir haben alle mit unerwarteten Notfällen zu kämpfen. Und für diese schlechten Zeiten gibt es auch einen ganz bestimmten Ausdruck.

Man nennt es das Leben!

Manche Leute verschwenden ihr ganzes Leben damit, auf einen „guten Zeitpunkt“ zu warten, um x, y oder z zu erledigen. Na ja, sie werden beim Warten sterben, denn es gibt keinen guten Zeitpunkt. Wenn Ihnen jemand sagen würde, er würde Ihnen eine Million Euro geben, wenn Sie sich ein Jahr lang jeden Tag zwei Stunden in die Ecke setzen und stricken würden, dann würden Sie sich die Zeit zum Stricken schon nehmen, nicht wahr?

Es wäre Ihnen egal, ob Ihr Chef Sie wieder für Überstunden heranziehen würde oder Ihr Auto nach der Arbeit nicht anspringen würde. Statt das Geld zu verlieren, würden Sie sich die zwei Stunden Zeit zum Stricken nehmen, ob es nun ein guter Zeitpunkt sein mag oder nicht. Der Satiriker Art Buchwald drückte es einmal wie folgt aus: *„Ob wir nun in einer guten Zeit oder einer schlechten Zeit leben – es ist die einzige Zeit, die uns bleibt.“*

Leider nehmen die meisten Menschen die Zeit als gegeben hin, insbesondere kleine Zeiteinheiten. Wir wurden so konditioniert, die Zeit in Tagen und Wochen und Jahren, und nicht in Minuten oder Stunden, zu messen. Wir arbeiten von 9.00 bis 17.00 Uhr, von Montag bis Freitag. Wir planen unser Leben mit Hilfe eines Monatskalenders. Wir feiern Geburtstage und Jubiläen einmal im Jahr.

Das Erstaunliche beim Thema Zeit besteht darin, dass einige Minuten hier und da jeden Tag sich zu großen Zeiträumen aufaddieren können! Wussten Sie zum Beispiel, wie viel Zeit ein Mensch sein Leben lang mit Essen verbringt? Ein Jahr vielleicht? Oder zwei? Die Antwort lautet: sechs Jahre! Ist das nicht erstaunlich? Und hier noch einige andere kleine Alltagsarbeiten, die sich zu großen Zeiträumen aufaddieren:

Gesamtzeit, die ein Mensch in seinem Leben für kleine Alltagsarbeiten aufwendet

6 Jahre	Essen
5 Jahre	Schlangestehen
4 Jahre	Hausputz
3 Jahre	Essenszubereitung
2 Jahre	telefonische Rückrufe tätigen
1 Jahr	Suche nach verlegten Dingen
8 Monate	Öffnen von „Junk Mail“
6 Monate	im Auto an der roten Ampel warten

Nach meiner Rechnung sind dies 22 Jahre unserer Lebenszeit! Und das zeigt doch, dass 15 Minuten hier … und eine halbe Stunde da … zwei Stunden dort … sich zu riesengroßen Zeiträumen aufaddieren können!

Aus ein paar Stunden können ein paar Monate werden

Überlegen Sie sich einmal einen Moment lang, was wir im Leben alles erreichen könnten, wenn wir nur ein paar Stunden jeden Abend und an den Wochenenden sinnvoll nutzen würden, zum Beispiel um eine Pipeline zu bauen. Wenn Sie an jedem Arbeitstag zwei Stunden dafür reservieren würden – also eine Stunde morgens vor der Arbeit und eine Stunde abends – und je drei weitere Stunden am Samstag und Sonntag, könnten Sie 16 Stunden produktiver Arbeit pro Woche verbuchen!

16 Stunden pro Woche 50 Wochen im Jahr ergeben jährlich 800 Extra-Stunden … und das wiederum entspricht 100 8-Stunden-Tagen … oder drei Monaten und zehn Tagen mit zusätzlichen 8-Stunden-Arbeitstagen pro Jahr! Und das Einzige, was Sie tun müssten, um diese drei zusätzlichen

Monate an produktiver Arbeitszeit pro Jahr zu erhalten, bestünde darin, pro Tag zwei oder drei Stunden vorzusehen. Das ist doch erstaunlich!?

Verbleibende Freizeit

(2 Stunden/Tag) x (5 Tage)	=	10 Stunden/Woche
(3 Stunden/Sa. & So.)	=	6 Stunden/Woche
zusätzliche Zeit insgesamt:		16 Stunden/Woche

Zeit ist Geld

Und nun will ich Ihnen ein kleines Geheimnis verraten – die produktive Nutzung von freier Zeit ist der Grund, weshalb erfolgreiche Menschen im Leben mehr haben, mehr tun und mehr bekommen! Glauben Sie, dass Bill Gates jeden Tag um 17.00 Uhr Feierabend macht und dann sieben Stunden fernsieht, wie der durchschnittliche männliche Amerikaner?

Ich glaube kaum …

Ein Artikel, der kürzlich im *Wall Street Journal* erschienen ist, berichtet, dass die obersten 10 % der am besten verdienenden Nordamerikaner durchschnittlich 52 Stunden pro Woche arbeiten, während die untersten 10 % der Arbeitnehmer wöchentlich nur 40 Stunden arbeiten.

Und dabei arbeiten die Top-Verdiener nicht nur mehr – *sie arbeiten auch effektiver!* Mit anderen Worten: Sie tauschen ihre Zeit nicht gegen Euro ein. Sie werden es nicht erleben, dass Michael Jordan in einem 24 Stunden geöffneten Geschäft hinter der Theke steht und Lotterielose und Dosenbier verkauft. Erfolgreiche Leute jedweder Branche schätzen ihre

Zeit und nutzen jede Gelegenheit, um die Zeit Gewinn bringend einzusetzen!

Wer den Pfennig nicht ehrt ...

Ich werde oft gefragt, warum man Zeit und Mühe für den Bau von Pipelines aufwenden soll, wenn doch alles gerade so gut läuft. Die Leute sind der Meinung, dass sie sich nach der harten Arbeit im Büro auch etwas Entspannung gönnen sollten. Sie belohnen sich selbst, indem sie sich aufs Sofa legen und bis zum Zubettgehen fernsehen.

„Das Leben ist doch schön", sagen sie mir. „Ich hab' 'nen guten Job. Ein paar Tausend auf dem Konto. Die Kinder sind ganz gut in der Schule. Kein Grund zur Aufregung."

Dann sage ich ihnen, dass es keinen besseren Zeitpunkt für den Pipeline-Bau gibt, als wenn alles gut läuft. Und warum? Weil die Zeiten sich ändern können und es dann zu spät sein kann!

Und dann erzähle ich diesen alten Witz: Ein Mann steht im 30. Stockwerk eines Nobelhotels am Central Park in Manhattan. Er zieht das Sonnenrollo hoch und öffnet das Fenster, um die Aussicht zu genießen. Als er sich aus dem Fenster lehnt, wundert er sich, dass ein Mann an seinem Zimmer vorbei nach unten fällt.

„Wie geht es Ihnen?", fragt er den fallenden Mann.

„Ganz gut – bis jetzt", antwortet dieser.

Es geht darum, dass es sehr viele Eimerträger auf dieser Welt gibt, denen es ganz gut geht – bis jetzt zumindest. Aber man kann nicht immer im freien Fall bleiben. Solange jemand seine Zeit gegen Euro eintauscht, hat er im Leben kein Sicherheitsnetz. Und warum ist dies so? Weil er bei

Krankheit ... oder einem Unfall ... oder im Falle einer Kündigung keine Zeit mehr zur Verfügung stellen kann und die Gehaltszahlungen aufhören werden.

Für Eimerträger ist das Ausbleiben des Gehalts gleichbedeutend mit fehlender Sicherheit!

Finanzielle Sicherheit

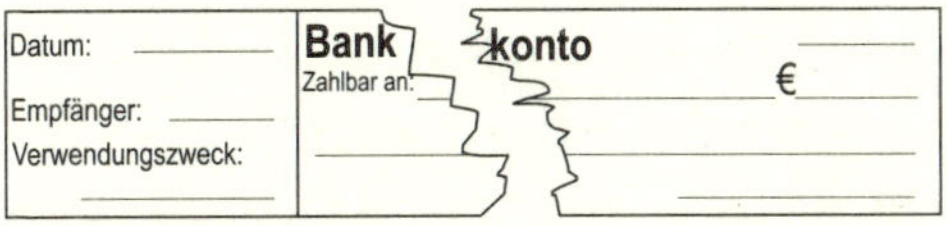

Keine Gehaltszahlung = Keine Sicherheit

Die Fabel von der Ameise und der Heuschrecke

Während ich 2001 diese Zeilen schreibe, befindet sich das Vertrauen aufseiten der Konsumenten auf hohem Niveau. Die Arbeitslosenzahlen in den USA auf niedrigem Niveau. Die Einkommen steigen. Die Menschen kaufen immer mehr Wohneigentum. Autoverkäufe boomen. Vielen Menschen geht es gut – *bis jetzt.*

Wir sollten allerdings nicht den Fehler begehen und „bis jetzt" mit „für alle Zeiten" verwechseln. Wie jeder weiß, läuft das Leben in Zyklen ab. Genau wie die Wirtschaft. Zurzeit geht der Wirtschaftszyklus seinem Scheitelpunkt entgegen. Ihr persönlicher Zyklus befindet sich vielleicht auch gerade auf dem Höchststand.

Aber wir haben es mit einem Auf und Ab zu tun. Und wenn es bei manchen Leuten anfängt, bergab zu gehen, kommen sie auf sehr unsanfte Weise in der harten Realität an. Kündigung. Berufswechsel. Kreditschulden. Krankheit. Altenheim für die Eltern.

Clevere Leute wissen, dass der beste Zeitpunkt, um seine

Schäfchen ins Trockene zu bringen, dann gekommen ist, wenn die Geschäfte gut gehen. Clevere Leute errichten ihr Sicherheitsnetz, bevor die Flaute anfängt, nicht wenn sie schon da ist! Und daher sage ich den Leuten immer, dass sie noch heute mit dem Pipeline-Bau anfangen sollen, denn heute ist der beste Zeitpunkt dafür und nicht erst, wenn es mit der Wirtschaft bergab geht.

Das ist genau wie in der Fabel von der Ameise und der Heuschrecke. Die Ameise war der Pipeline-Bauer. Sie verbrachte einen Teil des Sommers damit, Getreidevorräte für den Winter anzulegen. Sie genoss den Sommer trotzdem. Doch war sie klug genug, einen Teil der Zeit mit dem Pipeline-Bau zu verbringen.

Die Heuschrecke war dagegen ein Eimerträger. Sie verschleuderte all ihr Geld, sobald sie welches hatte, und verschwendete all ihre Zeit beim Spiel in der Sonne. Sie dachte nicht an den Winter. Als es Winter wurde, hatte sie keine Pipeline. Und verhungerte.

Zahlen Sie sofort ... oder später!

Erinnern Sie sich an den Werbespruch „Zahlen Sie sofort ... oder später"? Das Gleiche gilt auch für den Bau von Pipelines. Sie können „ein bisschen sofort bezahlen", indem Sie einen Teil Ihrer Zeit und Ihres Geldes schon heute in den Pipeline-Bau investieren … oder Sie können „später ziemlich viel bezahlen", wenn Sie sich im Alter damit abfinden müssen, von der gering bemessenen Rente zu leben.

Führen Sie sich dies einmal vor Augen – wenn Sie Ihre Pipelines haben, dann müssen Sie später nichts mehr zahlen, *sondern Sie werden bezahlt!*

Ein tolles Konzept!

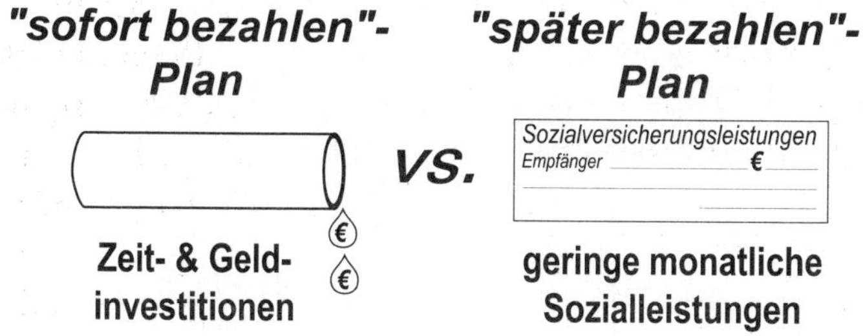

Wirksamer Zeiteinsatz: Die Pipeline des kleinen Mannes

Bedenken Sie – die Zeit schafft gleiche Voraussetzungen für alle!

Die gleiche Geldsumme steht uns allen NICHT zur Verfügung.

Aber uns steht allen die gleiche Menge Zeit zur Verfügung!

Wenn Sie einen Teil Ihrer Freizeit sinnvoll einsetzen, können Sie eine Pipeline bauen, die Ihnen jahrelang Erträge bringt!

Wir müssen froh und dankbar sein, dass wir in einem Zeitalter leben, in dem jeder seine Zeit für den Pipeline-Bau nutzen kann. Das war nicht immer so.

Um 1900 konnten sich nur die Reichen den Luxus leisten, ihre Zeit Gewinn bringend einzusetzen. Im Jahre 1890 war der Großteil der Bevölkerung über zwölf Stunden täglich als Arbeiter tätig. Diese Menschen hatten genug damit zu tun, ums Überleben zu kämpfen, und konnten gar nicht daran denken, ihre Zeit wirksam einzusetzen.

Heutzutage haben mehr Menschen mehr freie Zeit als jemals zuvor in der Geschichte. Und die Zeit ist der große

Gleichmacher! Die Zeit ermöglicht es dem Kleinen, sich mit den Großen zu messen. Die Reichen bekommen nicht 48 Stunden pro Tag, während die Armen nur 12 bekommen. Alle bekommen gleiche Zeitkontingente – 24 Stunden pro Tag, sieben Tage pro Woche und 365 Tage pro Jahr.

Das beste Werkzeug aller Zeiten für den wirksamen Zeiteinsatz

Heute sind Pipelines nicht mehr nur den Reichen vorbehalten. Jeder, der etwas Zeit … und ziemlich viel Elan … übrig hat, kann die Zeit wirksam einsetzen, um in zwei bis fünf Jahren eine „Pipeline des kleinen Mannes" zu errichten, die viele Jahre – oder gar Jahrzehnte – lang Ertrag bringen wird!

Tatsächlich haben wir genau vor unserer Nase das beste Werkzeug für den wirksamen Zeiteinsatz, das es je in der Geschichte der Menschheit gegeben hat! Dieses Werkzeug hat in kürzerer Zeit mehr Millionäre geschaffen als jede andere Einzelerfindung der Geschichte.

Dieses erstaunliche Werkzeug möchte ich als „E-Pipeline" bezeichnen. Es ist das ultimative Werkzeug für den wirksamen Einsatz von Zeit.

Das beste Werkzeug für den wirksamen Einsatz von Zeit in der Geschichte der Menschheit

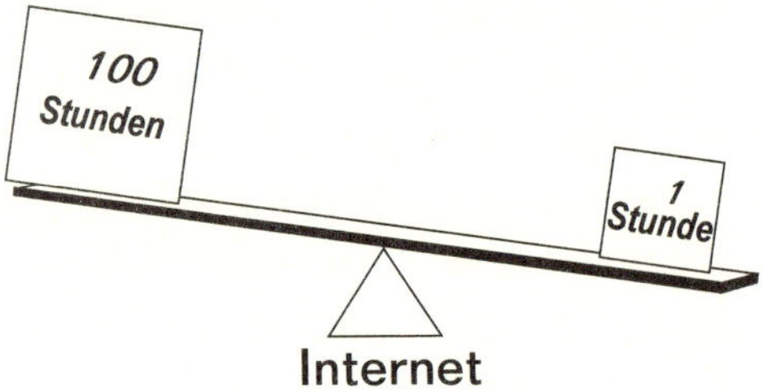

Ihnen ist die „E-Pipeline“ vielleicht unter einem anderen Namen bekannt – einem Namen, der 24 Stunden am Tag in den Schlagzeilen der Zeitungen und Nachrichtensendungen zu finden ist.

Und wie lautet dieser Name?

Das Internet.

TEIL DREI

Die Ultimative Pipeline

LEKTION SIEBEN

Das Internet: E-Verzinsung - Die Ultimative Pipeline

> Pablo, der Pipeline-Mann, wurde bald als Pablo, der Wundertäter, bekannt. Politiker lobten seine Weitsicht und baten ihn, als Bürgermeister zu kandidieren. Pablo wusste jedoch, dass er kein Wunder vollbracht, sondern nur die erste Stufe eines sehr großen Traumes gemeistert hatte. Pablo hatte also Pläne, die weit über sein Dorf hinaus Wirkung zeigten.
>
> Pablo plante, auf der ganzen Welt Pipelines zu bauen!
>
> — *aus: Die Parabel von der Pipeline*

Bis jetzt haben wir davon gesprochen, wie man seine Zeit und sein Geld wirksam einsetzen kann, um Pipelines mit kontinuierlich fließendem Einkommen zu bauen.

Es stellt sich nun die Frage, welches die schlagkräftigste und produktivste Pipeline der New Economy ist.

Und die Antwort lautet: das Internet, ein technologischer Durchbruch, den ich als „die E-Pipeline der New Economy“ bezeichnen möchte. Das Internet verändert unser Leben, unsere Arbeitswelt und unsere Freizeit. Kurz gesagt, das Internet ist unsere Zukunft – *und die Zukunft hat bereits begonnen!*

In diesem Kapitel werde ich Ihnen vorführen, wie Sie

sich das beste Werkzeug aller Zeiten – das Internet – *Gewinn bringend zu Nutze machen können, um Ihre Pipeline, die Ihnen kontinuierlich fließendes Einkommen verschaffen wird, in zwei bis fünf, statt in 50 Jahren zu bauen!*

Die Internet-Revolution fängt gerade erst an

Das Internet-Zeitalter gestaltet die Welt von Grund auf um – soviel ist sicher!

Jack Welch, Geschäftsführer der Firma General Electric, sagte im *Wall Street Journal*, dass das Internet zu den größten Veränderungen im Geschäftsleben geführt habe, die er in seinem Leben mitbekommen habe. Und Welch ist Jahrgang 1936!

Andy Grove, Aufsichtsratsvorsitzender der Firma Intel, drückte seine Einschätzung sogar noch deutlicher aus: „In fünf Jahren wird jede Firma eine Internet-Firma sein – oder gar keine Firma mehr."

Die Welt ist vernetzt – ganz und gar

Warum ist die Internet-Pipeline so schlagkräftig?

Machen Sie sich einmal bewusst, woraus das Internet eigentlich besteht – aus Millionen von Menschen auf der ganzen Welt … , die per Computer oder Handy miteinander verbunden sind …, die sofort miteinander kommunizieren – oder sich gegenseitig Produkte verkaufen – können, 24 Stunden am Tag, sieben Tage die Woche und 365 Tage im Jahr … und das alles zum Preis eines Ortsgesprächs.

Das ist doch vollkommen irre!

Das Internet funktioniert mit Lichtgeschwindigkeit … die Nutzung kostet pro Tag ein paar Dollar … es steht immer zur Verfügung … hat grenzenlose Anwendungsmöglichkeiten … und verbindet die ganze Welt. Ach ja – und in der Hälfte der Zeit, die für den Bau der Brooklyn Bridge benötigt wurde, sind 100 Millionen Menschen an das Internet angeschlossenen worden. Heute sind bereits mehr als 1,2 Mrd. Menschen online und erwerben Produkte und Dienstleistungen im Wert von über 1 Mrd. Euro über E-Commerce.

Und das ist kein Schwindel – es ist eine globale Revolution!

Das Internet

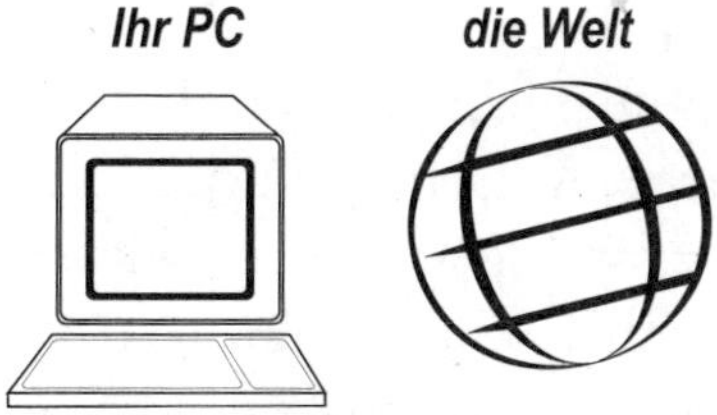

Mehr als 1 Milliarde Menschen online
E-Commerce = mehr als 1 Milliarde € pro Jahr

Das Problem beim Internet

Das Internet ist wirklich revolutionär — aber es ist bei weitem nicht perfekt.

Genau genommen, hat das Internet ein Problem. EIN RIESIGES PROBLEM!

Die größte Stärke des Internets ist zugleich auch seine größte Schwäche – es ist zu groß! Zu überfüllt. Zu unübersichtlich. Zu konkurrenzbetont. Zu hoch entwickelt. Wo soll man kaufen? Wie kann man etwas kaufen? Wem kann man vertrauen?

Es ist einfach überwältigend!

Experten zufolge haben E-Commerce-Anbieter mit den folgenden drei Problemen zu kämpfen:

1) Sie brauchen mehr Zugriffe.
2) Sie brauchen mehr Verkäufe.
3) Sie brauchen mehr Stammkunden.

Das Internet braucht loyale Kunden

Kurz gesagt, die meisten E-Commerce-Anbieter brauchen dringend Kunden – loyale Kunden. Und mit „loyal" meine ich solche Kunden, die einen Grund haben, jede Woche und jeden Monat – und nicht nur alle Jubeljahre einmal – bei einem E-Commerce-Anbieter Käufe zu tätigen.

Es wird viel davon gesprochen, wie viele Zugriffe eine Homepage hat. Aber Zugriffe bringen keine Einnahmen. Zugriffe sind wie die Spaziergänger, die sich jeden Morgen am Einkaufszentrum um die Ecke treffen. Sie nutzen das Einkaufszentrum, um sich Bewegung zu verschaffen, nicht um einzukaufen. Sie haben gar nicht vor, etwas einzukaufen. Wenn ihr Spaziergang beendet ist, setzen sie sich ins Auto und fahren zum Einkaufen ganz woanders hin!

Genauso sind die Zugriffe auf eine Homepage nur die Leute, die im Internet ein bisschen spazieren gehen wollen. Zugriffe bringen keine Einnahmen. Verkäufe bringen Einnahmen! Und die Wahrheit ist, dass die meisten E-Commerce-Anbieter dringend Verkäufe brauchen.

Warum ist das so? Weil die Kunden bei den meisten Homepages keinen Anreiz finden, jede Woche oder jeden Monat einzukaufen. Internet-Nutzer verhalten sich nicht loyal, weil es den meisten E-Commerce-Anbietern mehr darum geht, die günstigsten Preise anzubieten, statt langfristige Kundenbeziehungen aufzubauen.

Das größte Problem des Internets

Auf Kundenbeziehungen bauen!

Wie kann man im Internet-Zeitalter Kundenloyalität aufbauen?

Durch die Schaffung von Beziehungen.

Die Schaffung von realen, felsenfesten und langfristigen Beziehungen mit realen Menschen (im Gegensatz zu Hightech-Beziehungen mit „Augäpfeln“ und „Zugriffen“) unterscheidet erfolgreiche E-Commerce-Anbieter von den Verlierern.

Wie Sie sehen, braucht die hoch entwickelte Technologie des Internets das Fingerspitzengefühl, das bei persönlichen Beziehungen erforderlich ist. Wie schon John Naisbitt vor 20 Jahren beobachtete: „Je mehr hoch entwickelte Technologie wir haben, desto mehr Fingerspitzengefühl benötigen wir.“ Und deshalb suchen die Menschen gerade heute Wärme und menschliches Miteinander mehr denn je, um sich einen Ausgleich gegenüber der kalten Welt der Dotcoms und Ziffern zu schaffen.

Überlegen Sie mal – haben Sie sich den letzten Kinofilm, den Sie besucht haben, aufgrund einer Bannerwerbung im Internet ausgesucht? Wohl eher nicht. Wahrscheinlich hat Ihnen ein Freund oder Arbeitskollege den Film empfohlen.

Gleiches gilt für Ihre Lieblings-Homepages – wahrscheinlich wurden auch diese Ihnen von einem Freund oder Bekannten, den Sie mögen und dem Sie vertrauen, empfohlen. Und wahrscheinlich haben Sie sich auch hier nicht auf eine tolle Werbung im Fernsehen oder eine Bannerwerbung verlassen.

Es ist nun mal so, dass Mundpropaganda schon seit jeher die effektivste Form der Werbung ist. Und das gilt gerade heute in besonderem Maße. Denn Menschen haben nun mal gern mit anderen Menschen zu tun. Menschen vertrauen auf Beziehungen, in denen das Gesetz des Fingerspitzengefühls gilt. Geht es Ihnen nicht genauso? Und Beziehungen lösen das größte Problem des Internets – den Mangel an loyalen Kunden.

Und jetzt sind Sie an der Reihe.

Sie empfehlen den ganzen Tag lang, jeden Tag, ganz umsonst Produkte und Dienstleistungen. Und die anderen Leute kaufen aufgrund Ihrer Empfehlungen. Wäre es nicht eine tolle Sache, wenn Sie dafür bezahlt würden?

Das funktioniert!

Wenn Sie Ihre Zeit und Ihre Beziehungen wirksam einsetzen, können Sie loyale Kunden für E-Commerce-Anbieter, denen es um die Schaffung von echten Beziehungen geht, heranbilden … und sich selbst dadurch gleichzeitig eine Pipeline mit kontinuierlich fließendem Einkommen verschaffen!

Dabei können beide Seiten nur gewinnen. Der E-Commerce-Anbieter bekommt mehr Kunden. Und Sie werden dafür bezahlt, dass Sie Produkte und Dienstleistungen, die Sie selbst nutzen und gut finden, weiterempfehlen.

Ich bezeichne dies als die Ultimative Pipeline.

Und diese Pipeline wartet nur darauf, angezapft zu werden … UND ZWAR VON IHNEN!

Ultimative Pipeline

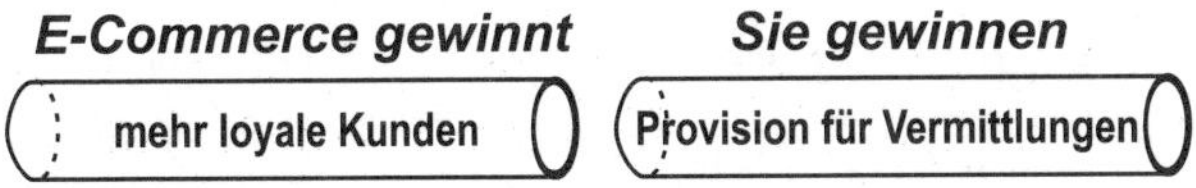

Sie reden ... die anderen kümmern sich um die Technik

Und so funktioniert die Ultimative Pipeline: Sie gehen mit einem etablierten E-Business-Betreiber eine geschäftliche Partnerschaft ein.

Dabei besteht Ihre Rolle darin, zu „reden" – Sie bringen die Leute auf die E-Commerce-Homepage des Unternehmens. Als Gegenleistung zahlt Ihnen der E-Business-Betreiber eine Provision für jedes Produkt, das aufgrund Ihrer Vermittlung verkauft wurde.

Die Rolle des E-Commerce-Anbieters besteht darin, sich um die Technik zu kümmern – er betreibt die Homepage ... nimmt die Online-Bestellungen entgegen ... verschickt die Produkte ... wickelt die Bezahlung per Kreditkarte ab ... ist für die Buchhaltung verantwortlich. Als Gegenleistung für die Zahlung der Vermittlungsprovision erhält das Unternehmen loyale Kunden, die die Homepage immer wieder aufsuchen.

Wie bereits erwähnt, können beide Seiten hierbei nur gewinnen! Das Unternehmen löst sein größtes Problem – Mangel an loyalen Kunden. Und Sie bauen Ihre Pipeline mit kontinuierlich fließendem Einkommen.

Sie reden. Die anderen kümmern sich um die Technik. Das ist ganz einfach – wunderbar einfach!

Für die Ultimative Pipeline brauchen Sie keine besonderen Kenntnisse. Sie tun einfach das, was Sie jeden Tag tun – Sie sprechen mit anderen Menschen! Sie helfen anderen

Menschen, sich im Internet zurechtzufinden … und werden dafür bezahlt!

Wie viel können Sie mit Ihrer Ultimativen Pipeline verdienen? Das liegt an Ihnen. Nach oben sind keine Grenzen gesetzt! Je mehr Kunden Sie vermitteln, desto größer Ihre Einkünfte. Es ist für manche Leute tatsächlich keine Seltenheit, von mehreren Zehntausend … oder gar mehreren Hunderttausend Vermittlungen Provision zu kassieren!

Wie kann nun eine Einzelperson mehreren Zehntausend Menschen persönlich Produkte empfehlen? „Das ist doch unmöglich!", werden Sie sagen.

Nicht, wenn Sie die Zauberei des Zinseszinses nutzen! Wie Sie gleich sehen werden, hatte Einstein guten Grund, dies als „das achte Weltwunder" zu bezeichnen.

E-Verzinsung: Die Ultimative Pipeline

Erinnern Sie sich noch an die Geschichte über den Kaiser von China und den Erfinder des Schachspiels? Der Erfinder verlangte nur ein Reiskorn als Belohnung, aber er verlangte, dass die Reiskörner auf jedem Feld des Spielbretts verdoppelt werden sollten. Am Ende kamen dabei zehnmal soviel Reiskörner heraus, wie auf der ganzen Welt vorhanden sind! Die Geschichte veranschaulicht die erstaunliche Kraft der Potenzierung, oder man kann auch sagen, das Prinzip der Verdoppelung.

Überlegen Sie sich einmal, was passieren würde, wenn Sie das Prinzip der Verzinsung irgendwie mit dem E-Commerce verbinden könnten. Als Ergebnis hätten Sie dann „E-Verzinsung".

Stärken der Verdoppelung

○	○ ○	○ ○ ○ ○	8	16	32	64	128
256	512	1.000	2.000	4.000	8.000	16.000	32.000
....	....	....	....	....	....	....	....
....	....	....	....	....	....	....	....
....	....	....	....	....	....	....	....

Stellen Sie sich einmal das Potenzial der E-Verzinsung vor – das exponentielle Wachstum der Verzinsung ... in Verbindung mit der Reichweite und der Geschwindigkeit des Internets!

Und genau aus diesem Grund habe ich die E-Verzinsung als die Ultimative Pipeline bezeichnet – Sie lassen sich dafür bezahlen, dass Ihre Zeit und Beziehungen über das Internet verzinst werden! Stellen Sie sich bloß einmal vor, dass Sie mit Hilfe der E-Verzinsung dasselbe Ergebnis wie mit der Palm-Beach-Pipeline erzielen können, jedoch ohne ein halbes Vermögen investieren zu müssen.

Statt Ihr Geld wirksam einzusetzen, setzen Sie Ihre Zeit und Beziehungen wirksam ein, um Ihre Ultimative Pipeline zu bauen! Jetzt müssen Sie nur noch herausfinden, wie das geht:

Ultimative Pipeline

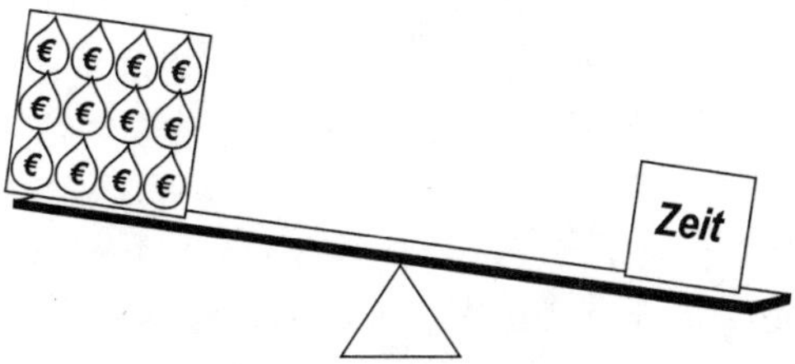

E-Verzinsung

E-Verzinsungs-Lehre: (1+1) x 12 = BOOM!

Glauben Sie, es würde Ihnen gelingen, pro Monat nur eine einzige Person zu finden, die sich Ihrem neuen E-Verzinsungs-Geschäft anschließen würde? Nur einen einzigen Partner, der an der Steigerung seiner finanziellen Sicherheit … an mehr Unabhängigkeit … mehr Anerkennung … und mehr Zufriedenheit interessiert ist? … Nur eine wohlgesinnte Person jeden Monat – mehr brauchen Sie nicht.

E-Verzinsung
Monat 1

Sobald Sie mit dieser Person eine Partnerschaft eingehen, werden Sie ihr Trainer. Sie bringen Ihrem Partner oder Ihrer Partnerin bei, wie man Partnerschaftsnetzwerke mit Freunden und Bekannten aufbaut, während Sie sich noch einen weiteren Partner suchen. Also hätten Sie nach zwei Monaten bereits zwei Partner, und Ihr erster Partner hätte auch schon einen Partner für Ihr gemeinsames Netzwerk geworben.

E-Verzinsung
Monat 2

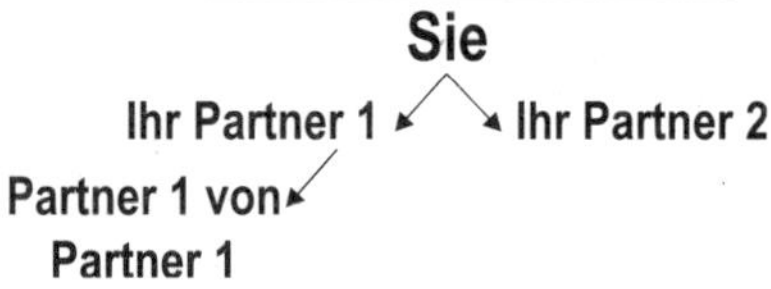

Jetzt sind Sie schon zu viert – Sie selbst und drei weitere Partner. (Sie können Ihr E-Verzinsungs-Netzwerk schneller aufbauen, indem Sie jeden Monat mit mehr als einer Person eine Partnerschaft eingehen; aber nehmen wir ruhig einmal an, Sie nähmen den langsamen und sicheren Weg.)

Nun wiederholen Sie den Prozess mehrmals. Am Ende des ersten Jahres hätten Sie persönlich zwölf Partner gewonnen – einen neuen Partner pro Monat. Und gehen wir nun davon aus, dass jeder Ihrer Partner ebenfalls eine Person pro Monat für das Partnerschaftsnetz geworben hätte.

Und hier kommt nun die Zauberei der Verzinsung zum Tragen. Nach zwölf Monaten hätte sich Ihr Netzwerk auf 4.096 angegliederte unabhängige Geschäftsinhaber potenziert!

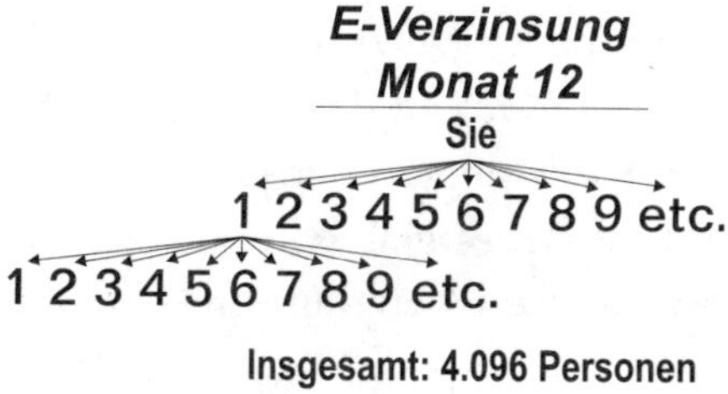

Und was besonders aufregend daran ist – das E-Commerce-Unternehmen zahlt Ihnen einen Prozentsatz des Umsatzvolumens Ihres gesamten Partnernetzwerks. Wenn also 4.000 Personen monatlich durchschnittlich für je 100 Euro Produkte kaufen, beträgt das Gesamtvolumen des Produktumsatzes 400.000 Euro – und das pro MONAT! Wenn Ihnen Ihr E-Business-Partner nun 1 bis 3 % dieses Volumens an Provision zahlt, verdienen Sie monatlich 4.000 bis 12.000 Euro!

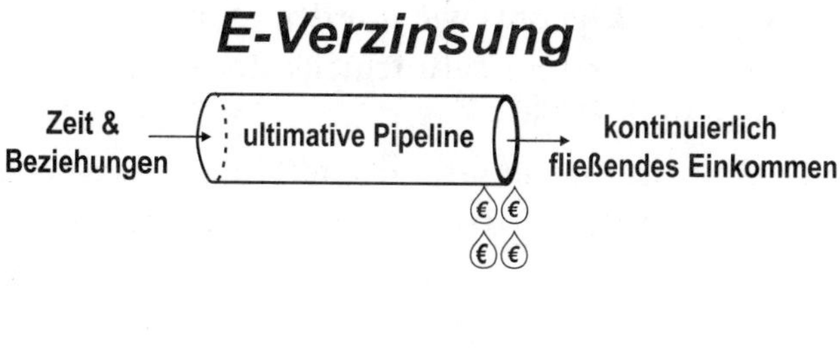

Verstehen Sie jetzt, warum ich die E-Verzinsung als die Ultimative Pipeline bezeichnet habe? Sie kombiniert das exponentielle Wachstum der Verzinsung mit den Vorteilen und der Reichweite des E-Commerce. Die Ultimative Pipeline pumpt nicht nur kontinuierliches Einkommen auf Ihr Konto, sondern wie Pablo erweitern Sie Ihre Pipeline nicht durch den Einsatz von Geld, sondern durch den Einsatz Ihrer Zeit!

Keine besonderen Kenntnisse erforderlich

Das Schöne an der E-Verzinsung besteht darin, dass Sie kaum Geld benötigen, um an den Start gehen zu können. Sie brauchen nur einige Monate oder ein paar Jahre, nicht aber Jahrzehnte. Und Sie benötigen keine besonderen Kenntnisse. Sie tun nur das, was Sie jeden Tag tun – Sie unterhalten sich mit anderen Menschen!

Sie helfen anderen Menschen, sich im Internet zurechtzufinden – und Sie werden dafür bezahlt! Wenn Sie reden … und mit der „Maus" umgehen können …, dann können Sie Ihre Zeit und Ihre Beziehungen wirksam einsetzen, um Ihre Ultimative Pipeline zu bauen.

Die Ultimative Pipeline bringt uns dazu, von denjenigen zu lernen, die sich eine Palm-Beach-Pipeline bauen – wir kopieren einfach das Prinzip der Verzinsung. Statt aber unser Geld Zinsen tragen zu lassen, lassen wir unsere Zeit und unsere Beziehungen Zinsen tragen. Als Resultat erzielen wir genau das gleiche Ergebnis wie mit der Palm-Beach-Pipeline, jedoch unter Einsatz eines Bruchteils des Geldes – und in einem Bruchteil der Zeit!

Und genau aus diesem Grund sind Hunderttausende ganz normaler Menschen auf der ganzen Welt damit beschäftigt, sich Ultimative Pipelines zu bauen – so können sie dieselben Vorteile genießen wie die Reichen mit ihren Palm-Beach-Pipelines, müssen jedoch nicht Unsummen Geldes, sondern lediglich ihre Zeit investieren! Statt 50 Jahre auf die Vorteile der Pipeline warten zu müssen, können Sie bereits nach wenigen Monaten davon profitieren!

Das ist ein Kinderspiel!

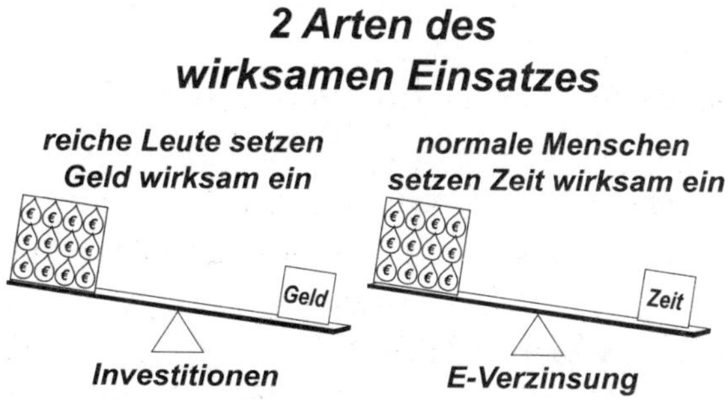

Ein neues Geschäftsmodell für ein neues Jahrtausend

Der Autor Gary Hamel schreibt in seinem Bestseller *Leading the Revolution* (dt. „Das revolutionäre Unternehmen"), dass in einer Hightech-Welt „nur die Unternehmen Erfolg in der New Economy haben werden, die in der Lage sind, eine Revolution in ihrer Branche zu entfachen". Laut Hamel geht es beim Wettbewerb nicht mehr um Produkte oder Dienstleistungen, sondern um die Fähigkeit, Ideen in innovative Geschäftsmodelle umzusetzen.

Weiterhin führt er aus, dass es nichts Neues sei, immer bessere Geschäftskonzepte zu schaffen. Henry Ford gelang der Durchbruch, als er ein Auto auf den Markt brachte, dass sich auch Otto Normalverbraucher leisten konnte. Ford baute ein Auto, das für jedermann geeignet war – „Sie können das

T-Modell in jeder Farbe bekommen – sie muss nur schwarz sein", war Fords Antwort auf Forderungen nach mehr Abwechslung.

Alfred Sloan entwickelte Fords Konzept bei General Motors dann weiter. Er handelte nach dem Motto „Der Kunde ist König" und bemühte sich, individuelle Bedürfnisse und Vorlieben zu berücksichtigen. Sloans inzwischen berühmt gewordene Devise lautete: „Ein Auto für jeden Geldbeutel und jeden Zweck." Aufgrund des besseren von Sloan entwickelten Geschäftsmodells gelang es GM sehr schnell, Ford zu übertreffen. Heute ist GM das Unternehmen mit den weltweit höchsten Einnahmen.

Ein neues, verbessertes Modell

Wie GM ist auch die E-Verzinsung eine Verbesserung gegenüber dem ursprünglichen Konzept des E-Commerce, eine bessere Methode, um Kunden zu gewinnen und ihre Loyalität heranzubilden. Die E-Verzinsung erinnert mich an den Cartoon *The Family Circus*, in dem die fünfjährige Dolly ihrem jüngeren Bruder erklärt, woher Schmetterlinge kommen:

„Schmetterlinge sind neue, verbesserte Raupen", sagt sie. Dann ist die E-Verzinsung also neuer, verbesserter E-Commerce! Ohne Marketing über Mundpropaganda, Provisionen und die Stärken der Verzinsung hätte es die E-Verzinsung niemals geschafft, aus ihrem Kokon zu schlüpfen.

E-Commerce	*vs.*	**E-Verzinsung**
Mangel an loyalen Kunden		zahlreiche loyale Kunden

Die E-Verzinsung bietet dem E-Commerce jedoch neue, verbesserte Möglichkeiten, seine Flügel auszubreiten und sein volles Potenzial auszuschöpfen. Das hat dazu geführt, dass Internet-Firmen, deren Geschäftsmodell auf Empfehlungen beruht, florieren, während Hunderte eingefleischter Discount-Anbieter in Schulden versinken.

Die E-Verzinsung ist kein Auto für jede Geldbörse und für jeden Zweck, sondern eine Pipeline für jede Geldbörse und für jeden Zweck.

Ihr Zweck oder Ziel besteht vielleicht darin, genug Geld zu verdienen, um sich ein besonders schönes Weihnachtsfest leisten zu können. Oder Ihr Ziel besteht vielleicht darin, endlich einen Ausweg aus einer beruflichen Sackgasse zu finden und die Ultimativen Pipelines zu bauen, die den ganzen Globus umspannen.

Und Ihr Geldbeutel wird sich jeden Monat über ein paar zusätzliche Scheine freuen. Oder Ihr Geldbeutel wird so voll werden, dass Sie sehr schnell Multimillionär sind.

Die E-Verzinsung ist die Ultimative Pipeline.

In welcher Größe Sie sie errichten wollen, bleibt Ihnen selbst überlassen.

Welche ultimative Pipeline bevorzugen Sie?

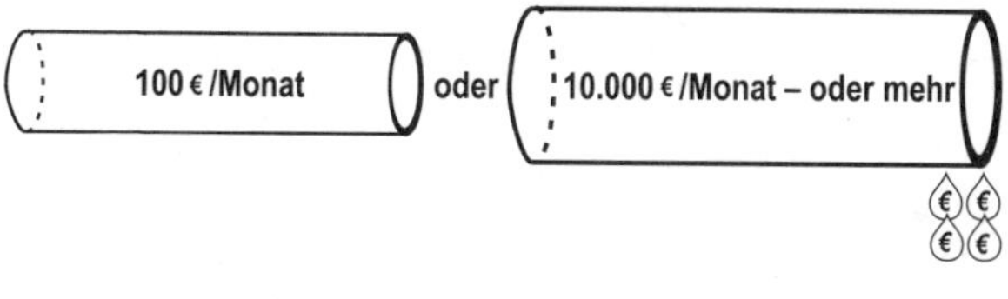

LEKTION ACHT

Bevorzugen Sie den 50-Jahres-Plan? Oder den 5-Jahres-Plan?

> Die meisten Wasserträger waren allerdings von vornherein gegen eine solche Idee eingestellt. Pablo und Bruno mussten sich immer und immer wieder die gleichen Ausreden anhören. Es machte Pablo und Bruno ganz traurig, dass kaum einer genügend Weitblick hatte.
>
> — *aus: Die Parabel von der Pipeline*

Der folgende alte Witz beinhaltet zwei wichtige Lektionen in Bezug auf Pipelines:

Ein Mann namens Joe hatte viele Jahre lang einen schlecht bezahlten Job, den er hasste. Aber Joe hatte sich vorgenommen, sich als reicher Mann zur Ruhe zu setzen. Also sparte er jeden Cent und arbeitete nachts und an den Wochenenden in einem weiteren Job, um seine Investment-Pipeline anzukurbeln.

Nach 50 Jahren konnte er den Lohn seiner Disziplin und der erbrachten Opfer einstreichen. Er hatte es endlich zur finanziellen Unabhängigkeit gebracht!

Da er nun 70 Jahre alt war, wollte Joe sich endlich etwas gönnen und sich seinen lebenslangen Traum erfüllen, die Welt zu bereisen und sich dem Tauchsport zu widmen. Joe gab Tausende Euros seines hart verdienten Geldes für Tauchunterricht und die entsprechende Ausrüstung aus.

Er flog erster Klasse nach Hawaii, wo er eine Suite im Ritz Carlton Hotel gebucht hatte.

Am Tag nach seiner Ankunft machte er sich auf, im schönsten Riff von Hawaii tauchen zu gehen. Sein Traum war endlich Wirklichkeit geworden! Er fühlte den Stolz in seiner Brust, als er sich für den Tauchgang fertig machte und seine teure Ausrüstung anlegte – maßgefertigter Tauchanzug … Sauerstoffflaschen aus Aluminium in Spezialanfertigung … Unterwasserkameras mit Spezialobjektiv … wasserdichter Stift und Notizblock. Joe war bereit!

Er genoss jeden Augenblick, als er dem Korallenriff, das in allen Farben des Regenbogens schillerte, entgegenschwamm. Er fotografierte die exotischen Fische. Sein erster Tauchgang erfüllte seine kühnsten Träume. Er hatte Zehntausende Euros für sein neues Hobby ausgegeben, aber jeder Cent hatte sich gelohnt!

„Das Warten hat sich gelohnt", sagte sich Joe. „Das ist wirklich perfekt!"

Doch plötzlich war Joe ganz geschockt, als er einen Mann erblickte, der einige Meter unter ihm schwamm und nur eine Badehose anhatte. Wütend schrieb er eine Notiz auf seinen Block. Dann schwamm er zu dem Mann hin und tippte ihm auf die Schulter. Joe machte ein ganz finsteres Gesicht, als er dem Mann den Notizzettel gab. Darauf stand:

„Ich habe Tausende Euros für meine Tauchausrüstung ausgegeben, und Sie kommen hier einfach in der Badehose daher. Was soll denn das?"

Der Mann griff nach dem Notizblock und schrieb: *„Ich gehe gerade unter!"*

Viele Leute gehen gerade unter

Die erste Lektion, die wir aus diesem Witz lernen können, lautet: Die Dinge sind nicht immer so, wie sie scheinen! Joe war davon ausgegangen, dass der Mann gerade fröhlich vor sich hin tauchte. In Wirklichkeit sah es aber ganz anders aus – der Mann war gerade dabei unterzugehen!

Der Anschein kann auch trügen, wenn es um finanzielle Dinge geht. Leute, die Rolex-Uhren und Designer-Klamotten tragen, scheinen finanziell unabhängig zu sein – viele von ihnen versinken aber in Schulden!

Als Thomas J. Stanley und William D. Danko, die Autoren des Bestsellers *The Millionaire Next Door*, ihre Untersuchungen für das Buch aufnahmen, führten sie Interviews mit Menschen, die ein Reinvermögen von mehreren Millionen Dollar oder mehr besaßen. Da die Autoren von der Annahme ausgingen, dass die reichsten Leute in den teuersten Häusern leben, schauten sie sich in den teuersten Stadtvierteln des Landes um.

Die Autoren fanden jedoch schnell heraus, dass viele Menschen, die in großen Häusern leben und teuere Autos fahren, nicht viel Geld auf dem Konto hatten. Und warum nicht? Weil sie ihr Geld für ihren aufwendigen Lebensstil ausgaben, statt einen Teil davon zum Bau von Pipelines zur Seite zu legen.

Stanley und Danko machten sich ein volkstümliches

Sprichwort aus Texas zu nutze, um diese Groß-Ausgeber zu beschreiben: „Großer Hut, aber kein Vieh." Die Cowboy-Metapher macht den Sachverhalt wirklich sehr anschaulich deutlich.

Großer Hut, aber kein Vieh

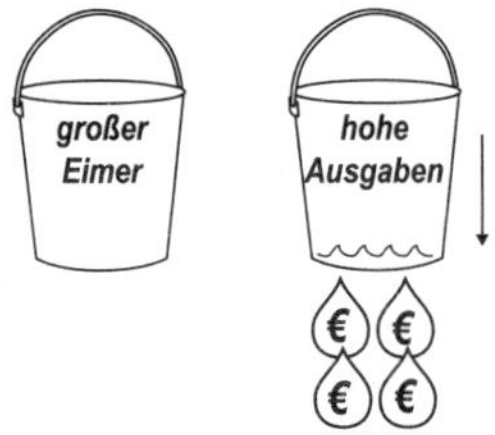

Die Stärken des 50-Jahres-Pipeline-Plans

Die zweite Lektion, die wir aus der Tauch-Geschichte lernen können, betrifft Joes Plan, finanziell unabhängig zu werden. Joes 50-Jahres-Pipeline-Plan ist ein klassisches Beispiel des „gute Nachrichten/schlechte Nachrichten"-Szenarios. Werfen wir zuerst einen Blick auf die gute Nachricht.

Das Gute an dem 50-Jahres-Pipeline-Plan besteht darin, dass er funktioniert! Regelmäßiges Sparen und Anlegen von kleineren Beträgen in Aktien über einen längeren Zeitraum ist die sicherste Methode für den kleinen Mann, um finanziell unabhängig zu werden.

Bei langfristigen Investitionsplänen sind regelmäßige Zahlungen über einen längeren Zeitraum und die jährliche Verzinsung von entscheidender Bedeutung.

Wenn jemand früh genug damit beginnt und an seinem Pipeline-Plan festhält, kann er bei einer monatlichen Rücklage von nur 100 Euro Millionär werden! Unmöglich, sagen Sie?

Die folgende Übersicht, zeigt Ihnen, wie dies funktioniert:

Wie man bis zum 65. Lebensjahr eine Million Euro anspart (bei einem jährlichen Zinssatz von 12 %)*

Ausgangspunkt Alter	tägliche Spareinlagen	monatliche Spareinlagen	jährliche Spareinlagen	Laufzeit, um 1 Mio. € zu erzielen
25	3,57 €	109 €	1.304 €	40 Jahre
35	11,35 €	345 €	4.144 €	30 Jahre
45	38,02 €	1.157 €	13.879 €	20 Jahre
55	156,12 €	4.749 €	56.984 €	10 Jahre

aus: *The Wise Investor* („Der kluge Investor“) von Neil E. Elmouchi
***Wenn man davon ausgeht, dass der Aktienmarkt in den letzten 70 Jahren durchschnittlich 11 % und in den letzten zehn Jahren durchschnittlich 25 % eingebracht hat, erscheinen 12 % als angemessene Ertragsrate.**

Es ist schon erstaunlich, wenn man bedenkt, wie einfach es doch ist, Millionär zu werden, wenn man nur früh genug mit dem Bau einer langfristigen Pipeline beginnt. So gut wie jeder, der mehr als das Existenzminimum verdient, kann es schaffen!

Alles was Sie tun müssen, besteht darin, täglich, und zwar wirklich jeden Tag, 3,57 Euro in einen Anlagefonds mit einer Verzinsung von 12 % einzuzahlen und alles 40 Jahre Zinsen tragen zu lassen. Sofort werden Sie Millionär! (Vielleicht nicht wirklich sofort – aber auf jeden Fall Millionär!).

Betrachten Sie die Sache einmal wie folgt: Einer von drei Europäern ist Raucher. In Deutschland kostet eine Packung Zigaretten ungefähr 3,57 Euro. Wenn jeder Raucher mit 25 Jahren mit dem Rauchen aufhören, das Geld in Aktien anlegen und es 40 Jahre lang Zinsen tragen lassen würde, wäre ein Drittel der Europäer mit 65 Jahren Millionär!

Ist das nicht erstaunlich? Wären Sie nicht froh, wenn Ihnen jemand diese Tatsache vor Augen geführt hätte, als Sie 25 waren? Selbst mit 35 oder 45 ist es für den Durchschnittshaushalt noch möglich, eine Millionärs-Pipeline zu bauen. Wenn jemand jedoch wartet bis er 55 Jahre alt ist und erst dann mit dem Sparen beginnt, dann steht ihm auf jeden Fall eine Mammutaufgabe bevor!

Das größte Risiko besteht darin, NICHT zu investieren

Viele Leute sind immer noch der Meinung, es sei zu riskant, in Aktien zu investieren. Und tatsächlich fallen manche Aktien auch. Und manchmal stürzt auch der gesamte Aktienmarkt ab, wie z. B. beim großen Crash von 1929.

Aber alle Rechenkünstler der Wall Street sind sich einig, dass die Investition in Aktien über einen längeren Zeitraum betrachtet die einfachste und sicherste Methode zum Aufbau einer Profit einbringenden Pipeline darstellt. Und die Fakten unterstützen diese These der Experten: In der mehr als 200-jährigen Geschichte der New Yorker Börse sind die Aktien an zwei von drei Tagen gestiegen. Seit dem Zweiten Weltkrieg ist der Aktienmarkt, obwohl es in einem Zeitraum von 55 Jahren neun Rezessionen gab, um ein 71faches gestiegen.

Nach Angaben von Jeremy Siegel in seinem Buch *„Stocks for the Long Run* (dt. „Aktien für die Zukunft") erbrachte ein in Gold angelegter Dollar in den 195 Jahren von 1802 bis 1997 lediglich 11,17 Dollar. Hätte man denselben Dollar in Aktien angelegt, wären in diesem Zeitraum 7,5 Millionen dabei herausgekommen!

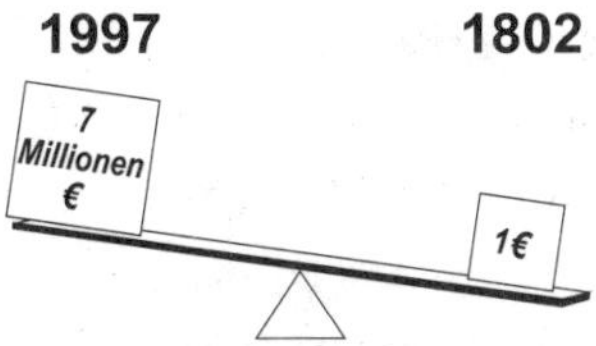

Aktienmarkt

Es geht hier darum, dass der Bau einer 50-Jahres-Pipeline durchaus seine Berechtigung hat! Die meisten Menschen arbeiten am Bau mehrerer 50-Jahres-Pipelines. Ihr Haus ist eine ihrer Langzeit-Pipelines. Sozialversicherungen sind weitere Pipelines. Leider sind den meisten Menschen diese beiden Pipeline-Arten bereits genug.

Der am weitesten verbreitete 50-Jahres-Pipeline-Plan

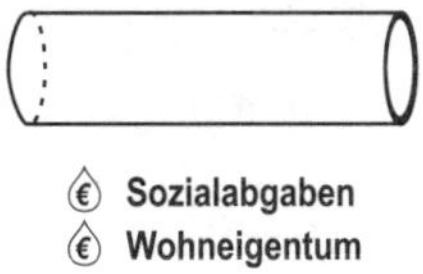

Clevere Leute bauen sich dagegen noch zusätzliche Langzeit-Pipelines durch Investment-Portfolios … Betriebsrenten … Rentenversicherungen … und Ähnliches. Die genannten Möglichkeiten stellen hervorragende Langzeit-Pipelines dar, die jedermann, der genügend Verstand und Durchhaltevermögen für den Bau besitzt, offen stehen.

Der 50-Jahres-Pipeline-Plan kluger Menschen

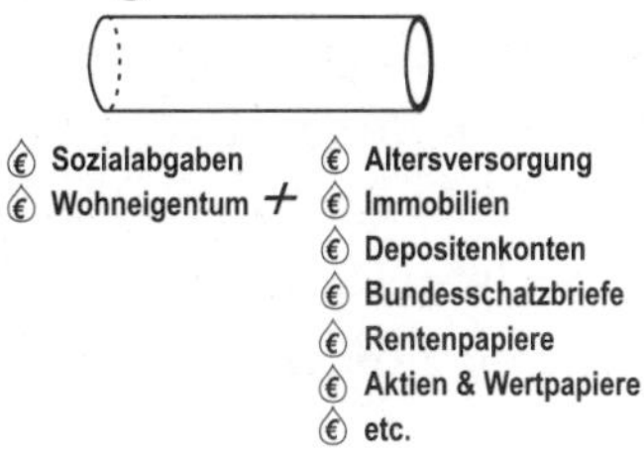

Die Kehrseite des 50-Jahres-Plans

Bisher habe ich Ihnen von den guten Seiten des 50-Jahres-Pipeline-Plans berichtet – so gut wie jede arbeitende Familie kann eine Millionärs-Pipeline bauen, wenn sie regelmäßig jeden Monat Geld spart und es Zinsen tragen lässt.

Der Nachteil daran besteht allerdings darin, dass die meisten Menschen schon heute in den Genuss der Vorteile ihrer Pipeline kommen möchten – und nicht erst in 20 … 30 … 40 … oder gar 50 Jahren!

Ich muss zugeben – auch ich möchte schon heute die schönen Seiten des Lebens genießen, und nicht erst in einem halben Jahrhundert! Zwar glaube ich an den Bau von Langzeit-Pipelines. Ich arbeite an mehreren. Aber dennoch gebe ich mein Geld lieber aus, als es zu sparen. Ich kaufe mir gerne etwas für mein Geld. Und ich glaube, Ihnen geht es nicht anders.

Ich gehe gerne in ein gutes Restaurant zum Essen.

Ich fahre gerne mit meiner Familie in den Skiurlaub oder mache eine Schiffsreise – unsere schönsten Erinnerungen sind mit Urlaubsreisen verbunden.

Ich mag den Geruch des Innenraums eines neuen Autos.

Mir macht es mehr Spaß, einen großen Mercedes zu fahren als einen kleinen Mazda.

Ich möchte mein Handy jederzeit benutzen können, nicht nur abends und an Wochenenden, wenn der Tarif günstiger ist.

Und ich gebe lieber 20 Euro aus, um mir einen neuen Film im Kino ansehen zu können, als drei Monate zu warten und ihn dann für wenig Geld auf Video auszuleihen.

Das ist das Entscheidende: Langzeit-Pipelines sind für Leute, die einen sorgenfreien Ruhestand genießen möchten, unerlässlich. Daher sollte jeder 50-Jahres-Pipelines bauen.

Aber bleiben wir realistisch – wollen Sie wirklich 50 Jahre warten, bis sie die Vorteile Ihrer Pipeline nutzen können? Ich jedenfalls nicht! Ich bin bereit, Opfer zu bringen, um meine Pipeline für den Ruhestand zu bauen. Aber ich möchte nicht 50 Jahre wie ein Mönch leben müssen, um das zu schaffen!

Ich möchte schon heute, wenn ich noch jung bin und die Kinder klein sind, meine Träume verwirklichen. Ich will nicht warten müssen, bis ich 65 oder 70 Jahre alt bin, um meine Träume ausleben zu können – wie der Taucher in dem oben erwähnten Witz. Und ich bin sicher, dass es Ihnen genauso geht.

Sie können alles auf einmal haben

Wie ich bereits sagte, sollte bei den Pipelines, die Sie bauen, immer auch eine Langzeit-Pipeline dabei sein. Dies sollte aber nicht die einzige Pipeline sein, die Sie bauen. Genau wie Sie nicht alles auf eine Karte setzen sollten, sollten Sie auch nicht Ihr ganzes Kapital in eine Pipeline investieren.

Mit dem 5-Jahres-Pipeline-Plan können Sie nicht nur Ihr Pipeline-Portfolio abwechslungsreicher gestalten, sondern Sie können auch große Träume träumen und sie gleich verwirklichen und nicht erst, wenn Sie 60 oder 70 Jahre alt sind. Sie können also alles auf einmal haben!

Überlegen Sie sich die Sache einmal – wären Sie nicht auch lieber bereits in fünf Jahren finanziell unabhängig statt in 50 Jahren? Bestimmt! Wer würde das nicht wollen?

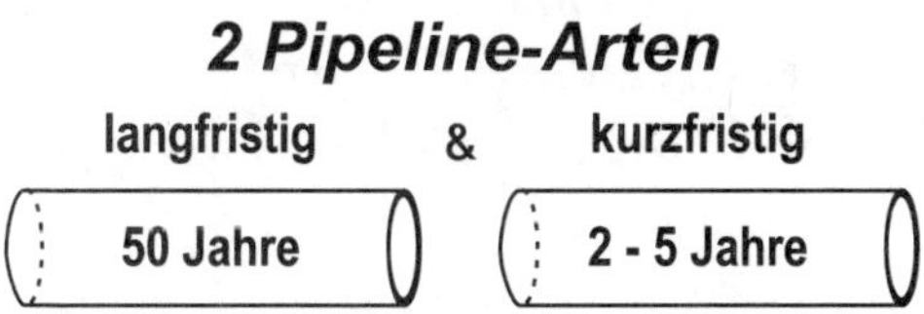

Und daher empfehle ich Ihnen, die 5-Jahres-Pipeline zu bauen, während Sie am Bau Ihrer 50-Jahres-Pipelines arbeiten!

Die Ultimative Pipeline – die E-Verzinsung – kann statt in 50 in zwei bis fünf Jahren gebaut werden ... und wirft schon nach einigen Monaten Gewinne ab und nicht erst in einigen Jahrzehnten. Sie können auch „in Teilzeit", also abends und an den Wochenenden, mit dem Bau Ihrer Ultimativen Pipeline beginnen, bis sie langsam genug Profit abwirft, sodass Sie den Bau dann in Vollzeit fortsetzen können!

Führen Sie sich das einmal vor Augen – die Ultimative Pipeline kann Sie auf den Wipfel der Eiche in einem Bruchteil der Zeit katapultieren, die Sie sonst mit Ihrer 50-Jahres-Pipeline benötigen würden. Und das Beste daran: Sie müssen nicht viel sparen und auch kein halbes Vermögen investieren, um Ihre 5-Jahres-Pipeline zu bauen! Alles, was Sie tun müssen, besteht darin, Ihre Zeit und Ihre Beziehungen wirksam einzusetzen!

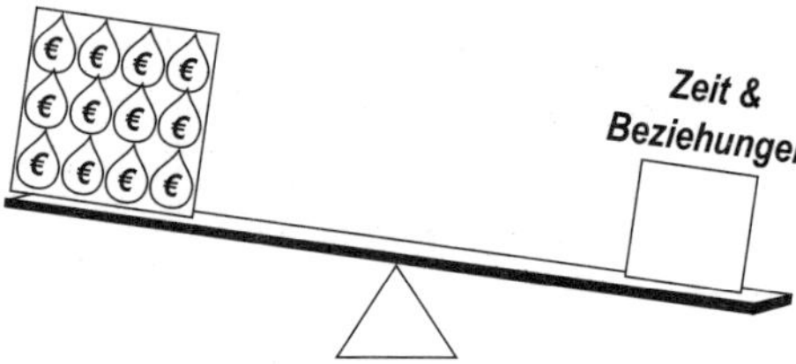

E-Verzinsung

Leben Sie heute ... planen Sie für morgen

Vor vielen Jahren gab mir mein Vater einen guten Ratschlag. Er sagte: „Lebe heute, plane für morgen." Ich habe diese Worte nie vergessen und hoffe, dass auch meine eigenen Kinder sie verinnerlichen.

Wenn man eine 5-Jahres-Pipeline baut, während man parallel dazu an einer 50-Jahres-Pipeline arbeitet, ist es ganz einfach, den klugen Ratschlag meines Vaters zu befolgen.

Sie sehen also, dass der Ultimative Pipeline-Plan – die 5-Jahres-Pipeline – es Ihnen erlaubt, Ihr Leben schon heute voll und ganz zu genießen, denn Sie können die Früchte Ihrer Anstrengungen bereits nach ein paar Monaten ernten! Der 50-Jahres-Pipeline-Plan ermöglicht Ihnen dagegen Planungen für die Zukunft. Und daher rate ich jedem, sowohl langfristige als auch kurzfristige Pipelines zu bauen!

Pipelines sind Ihre Rettungsleinen

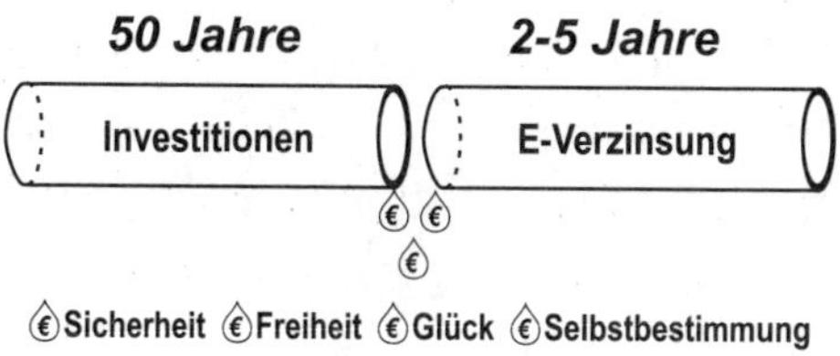

Als mein Vater mir den Rat gab „Lebe heute, plane für morgen“, meinte er damit natürlich auch: „Pipelines sind Rettungsleinen. Werde also Pipeline-Bauer und nicht Eimerträger.“

Ein wertvoller Ratschlag! Wirklich ein wertvoller Ratschlag!

SCHLUSSFOLGERUNG

SCHLUSSFOLGERUNG

Die Parabel von der Ultimativen Pipeline

Silicon Valley, USA, im Jahr 2005

ES WAR EINMAL VOR GAR NICHT ALLZU LANGER ZEIT, da lebten zwei ehrgeizige junge Cousins namens Paul und Bruce, die beide als leitende Angestellte bei der Firma Cistern International beschäftigt waren, einem multinationalen Konzern, der Energie- und Wasserversorgungsbetriebe auf der ganzen Welt besaß.

Die Männer waren die besten Freunde.

Und große Träumer.

Sie sprachen ständig davon, wie sie eines Tages, auf irgendeine Art und Weise, finanziell vollkommen unabhängig werden würden. Beide waren intelligent und arbeiteten hart. Sie brauchten nur die richtige Gelegenheit.

Eines Tages ergab sich diese Gelegenheit. Die Firma beschloss, die beiden Freunde zu Abteilungsleitern von Cisterns weltweiter Software-Abteilung zu befördern. Sie erhielten nun doppelt so viel Gehalt wie früher.

„Jetzt ist unser Traum in Erfüllung gegangen!“, rief Bruce. „Ich kann unser Glück noch gar nicht fassen.“

Aber Paul sah die Sache ein bisschen anders.

Am Ende des ersten 10-Stunden-Arbeitstages tat Paul der Rücken weh und seine Fingerkuppen schmerzten, nachdem er den ganzen Tag lang Software-Programme den kundenspezifischen Anforderungen angepasst hatte. Ihm waren 50 Mitarbeiter unterstellt, von denen die meisten unkooperativ und unmotiviert waren. Er hatte keine Lust auf wochenlange Geschäftsreisen zu Niederlassungen in anderen Ländern. Sein Chef bei Cistern war launisch, unhöflich und verlangte viel von ihm. Es graute ihm davor, am nächsten Morgen aufstehen und zur Arbeit gehen zu müssen. Er nahm sich fest vor, sich eine bessere Art und Weise auszudenken, um leben und arbeiten zu können.

Paul, der Pipeline-Mann

„Bruce, ich habe einen Plan“, sagte Paul am nächsten Morgen, bevor sie sich in ihren kleinen Kabinen niederließen und ihre Server starteten.

„Statt für unser monatliches Gehalt unsere Zeit und unser Wissen der Firma zur Verfügung zu stellen, uns mit einem tyrannischen Chef herumzuplagen und eine Herde von unmotivierten Mitarbeitern im Zaum zu halten, sollten wir lieber das Internet wirksam einsetzen, um uns ständig fließendes Einkommen zu verschaffen.“

„Unser Job ist wie Wassereimertragen", fuhr Paul fort. „Ein Eimer Arbeit entspricht einem Eimer Lohn. Wenn man nicht mehr arbeiten kann, weil man krank ist oder entlassen wird, gibt es auch kein Gehalt mehr.

Ein Auftrag

1 Eimer Arbeit = 1 Eimer Lohn

Wir brauchen eine Karriere, die uns kontinuierlich fließendes Einkommen verschafft. Solch ein Einkommen ist wie der Bau einer Pipeline – wir erledigen die Arbeit ein einziges Mal und werden dann immer wieder dafür entlohnt. Bruce, wir müssen endlich anfangen, wie Pipeline-Bauer zu denken und zu handeln, und nicht wie Eimerträger.

Pipeline

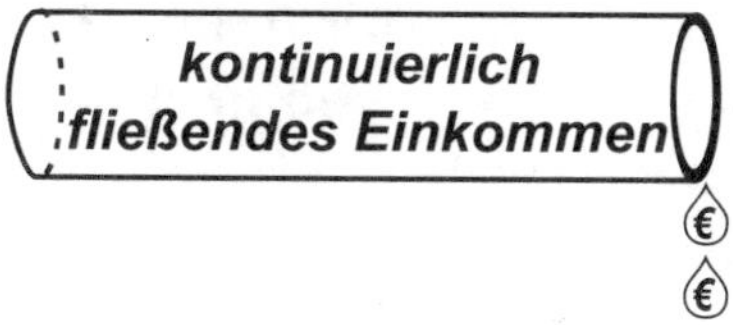

Ein früherer Mitarbeiter von mir hilft mir dabei, eine Pipeline im Internet zu bauen. Er nennt sie die Ultimative Pipeline, denn sie verbindet die Stärken des E-Commerce mit denen der Verzinsung. Die Ultimative Pipeline ist mein Unternehmen – ich bin der Inhaber. Ich arbeite von zu Hause aus. Mir entstehen keine Unkosten. Ich habe keine Angestellten. Muss kein Gehalt zahlen. Musste so gut wie keine Anschaffungen tätigen. Alles ist sehr günstig. Sehr einfach.

Es basiert auf dem Internet. Und bietet die Möglichkeit, kontinuierlich fließendes Einkommen zu schaffen.“

Ultimative Pipeline

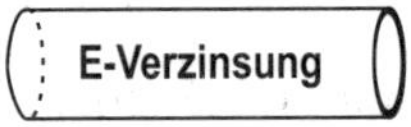

- kein Chef
- Sicherheit
- Freiheit
- selbstständiger Unternehmer

- keine Angestellten
- kein Gehalt
- geringe Anschaffungen
- keine Zusatzkosten

Bruce blieb wie angewurzelt stehen.

„*Eine Pipeline im Internet! Hat man so etwas je gehört?*“, rief Bruce.

„Wir haben doch einen tollen Job“, sagte Bruce mit Nachdruck. „Nun mach‘ mal keinen Ärger! Unser Arbeitsplatz ist sicher, und wir erhalten gute Sozialleistungen.

Wir haben am Wochenende frei und bekommen zwei Wochen Urlaub bezahlt. Wir sind gemachte Männer! Lass mich in Ruhe mit deiner Ultimativen Pipeline!“

Aber Paul ließ sich nicht so leicht von seiner Idee abbringen. Er erklärte seinem besten Freund in aller Ruhe seinen Plan von der Ultimativen Pipeline. Einen Teil des Tages wollte Paul weiterhin als Angestellter arbeiten und die Abende und Wochenenden dafür nutzen, eine Pipeline im Internet zu bauen.

Paul war auch klar, dass es ein Jahr, wenn nicht gar zwei Jahre dauern würde, bis seine Ultimative Pipeline groß genug sein würde, um ihm einen ansehnlichen Ertrag einzubringen. Aber Paul glaubte an seinen Traum, ein eigenes Unternehmen besitzen zu können … und endlich sein eigener Herr zu sein. Er war fest entschlossen, seinen Plan in die Tat umzusetzen.

Kleine Taten führen zu großen Erfolgen

Während Bruce die Abende und Wochenenden auf seinem Sofa verbrachte, arbeitete Paul kontinuierlich an seiner Ultimativen Pipeline.

In den ersten paar Monaten sah man nicht viel von Pauls Schufterei. Das internet-basierte Pipeline-Geschäft war neues Terrain für Paul. Er musste sich mit einem neuen System vertraut machen und es dann anderen beibringen. Er sprach jeden Tag mit seinen Mentoren und nahm an Wochenendseminaren teil, um seine unternehmerischen Fähigkeiten zu verbessern. Er las Bücher über Persönlichkeitsentwicklung und hörte sich Audio CD´s an, die seine Mentoren ihm empfohlen hatten.

Tag für Tag verbesserte Paul seine unternehmerischen Fähigkeiten. Er lernte, wie man mit anderen Menschen ins Gespräch kommt. Wie man es schafft, dass der Gesprächspartner über seine eigenen Träume spricht. Wie man Einwände geschickt handhabt. Wie man andere Menschen dabei unterstützt, das Beste aus sich selbst herauszuholen. Langsam, aber sicher glaubte er immer mehr an sich selbst … an seine Chancen … und an seine neuen Geschäftspartner. Dies alles war Neuland für Paul. Als aber sein Wissen und sein Selbstvertrauen zunahmen, wuchs auch seine Internet-Pipeline.

Paul dachte immer wieder daran, dass die Träume von morgen auf den Entbehrungen von heute gebaut werden. Tag für Tag baute er seine Ultimative Pipeline, führte ein Gespräch nach dem anderen.

„Wenn mein Traum groß genug ist, spielt die Wirklichkeit keine Rolle“, sang er vor sich hin und nahm den Telefonhörer, um den nächsten Interessenten anzurufen.

„Auf kurzfristige Investitionen folgen langfristige Gewinne", sagte er sich, wenn er sich sein persönliches Ziel für den Tag oder die Woche setzte, denn er wusste, dass das Ergebnis ihn später für all seine Mühen entlohnen würde.

„Verlier nie den Gewinn aus den Augen", sagte er sich immer und immer wieder, wenn er vor Müdigkeit einnickte, während er eine Trainings-CD eines im E-Business erfolgreichen Unternehmers anhörte.

„Verlier nie den Gewinn aus den Augen …"

Das Blatt wendet sich

Aus Tagen wurden Monate.

Eines Tages merkte Paul, dass seine E-Pipeline inzwischen einen Gewinn einbrachte, der der Hälfte seines monatlichen Gehalts entsprach! Paul engagierte sich weiterhin in seinem Job als Angestellter, aber er nutzte seine freie Zeit noch produktiver. Er wusste, dass es nun nur noch einige Monate dauern würde, bis seine Teilzeit-Pipeline mehr Geld abwerfen würde als sein Vollzeit-Job.

In seinen Mittagspausen bei Cistern beobachtete Paul, wie sein alter Freund Bruce von Arbeitsplatz zu Arbeitsplatz hetzte. Sein Eimerträger-Job fing an, Tribut zu fordern. Bruce wirkte von Tag zu Tag gestresster, wurde von seinem Chef immer mehr in Anspruch genommen …, lebte nur noch unter Termindruck … und unter dem Eindruck der sich immer stärker häufenden Gerüchte um drohende Entlassungen.

An den Wochenenden verfasste Bruce Dutzende von Malen seine Kündigung, schickte sie aber nie ab. Er hatte Rechnungen zu bezahlen. Er brauchte sein monatliches Gehalt zu sehr, als dass er hätte kündigen können. Er fühlte sich wie gefangen. Er fühlte sich ausgebrannt und leer. Der Papierkorb in seinem Büro war aber alles andere als leer. Er war randvoll mit zusammengeknüllten Kündigungsschreiben.

Der letzte Arbeitstag als Angestellter

Endlich war Pauls großer Tag gekommen – die monatlichen Einnahmen aus seiner E-Pipeline waren höher als sein monatliches Gehalt bei Cistern! Seine Frau machte Farbkopien von seiner Gehaltsabrechnung von Cistern und dem Scheck mit den Einnahmen aus dem neuen Internet-Unternehmen und hängte sie gerahmt nebeneinander auf. Seine neuen Pipeline-Geschäftspartner beglückwünschten ihn, als er die beiden gerahmten Schecks präsentierte. Es wurden Fotos gemacht. Und Paul strahlte vor Freude.

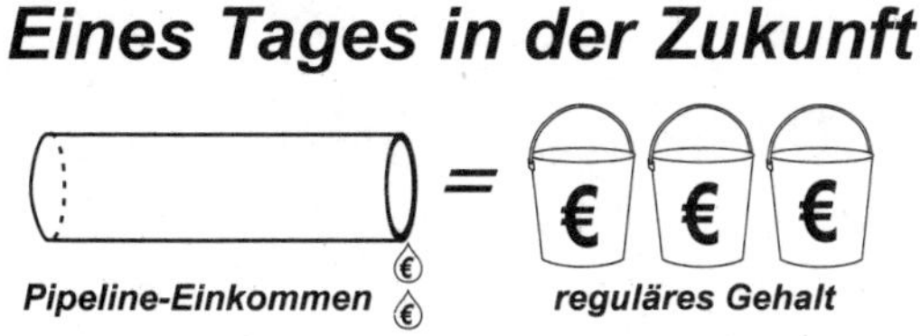

Paul war der einzige Mitarbeiter von Cistern, der sich von seinem Chef nicht einschüchtern ließ. Seine Ultimative Pipeline hatte ihn unabhängig gemacht! Diese Tatsche gab ihm Selbstvertrauen. Paul blieb ganz ruhig, wenn sein Boss mal wieder einen seiner Wutanfälle hatte. Paul duckte sich nicht und schaute seinem Chef bei seinen Tiraden ruhig in die Augen.

„Sie brauchen nicht zu schreien“, sagte Paul ganz ruhig. „Ich stehe direkt hier vor Ihnen. Sind Sie nicht auch der

Meinung, dass er besser wäre, wenn wir die Angelegenheit in aller Ruhe besprechen würden?"

Wegen der Art und Weise, wie Paul mit seinem Chef umging, fingen seine Kollegen schon an, ihn Löwenbändiger zu nennen. Aber Paul wusste ganz genau, dass er seinen Chef nicht bändigen konnte. Er konnte nur deshalb aufbegehren, weil sein Chef keine Macht mehr über ihn und sein Leben hatte.

Eines Abends saß Paul zu Hause in seinem Arbeitszimmer und schrieb folgenden Brief:

Lieber Herr Boss,

hiermit teile ich Ihnen mit, dass ich mit sofortiger Wirkung meine Stelle bei Cistern International kündige. Ich habe gerne für Cistern gearbeitet, muss Sie aber leider davon in Kenntnis setzen, dass die Firma sich meine Dienste nicht mehr leisten kann.

Mit freien Grüßen

„Pipeline-Paul"

Paul spürte, wie ein befreiendes Gefühl in ihm emporstieg, als er den Brief faltete und in einen Umschlag steckte. Er blickte mit Zuversicht und Optimismus in die Zukunft. Paul wusste, dass das, was er mit seiner Internet-Pipeline erreicht hatte, nur die erste Stufe eines sehr großen Traumes war.

Paul hatte also Pläne, die weit über die Firma Cistern Industries hinausgingen.

Paul plante, in ganz Nordamerika – und irgendwann einmal auf der ganzen Welt – Internet-Pipelines zu bauen!

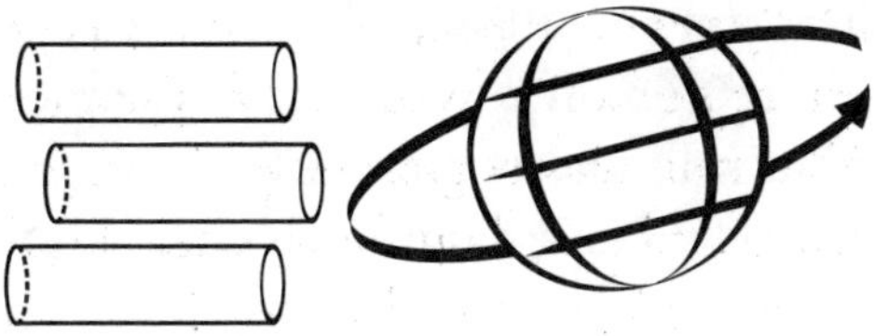

Freunde zur Unterstützung werben

Pauls internet-basiertes Geschäft florierte weiterhin. Er war so glücklich ... und von seiner Arbeit so ausgefüllt wie nie zuvor. Dies galt jedoch nicht für seine früheren Kollegen bei Cistern. Die Firma lagerte immer mehr Geschäftszweige aus, was dazu führte, dass Pauls ehemalige Abteilung verkleinert wurde.

Weil Bruce am meisten verdiente, wurde er als Erster entlassen.

Paul konnte es kaum mit ansehen, dass sein alter Kumpel bei Freunden darum bettelte, Wartungsarbeiten an veralteten PCs durchführen zu dürfen. Also vereinbarte er ein Treffen mit Bruce.

„Bruce, ich bin hergekommen, um dich um Hilfe zu bitten."

Bruce richtete sich auf und formte seine dunklen Augen zu Schlitzen.

„Mach dich nicht über mich lustig", zischte Bruce.

„Ich bin nicht hergekommen, um anzugeben", sagte Paul. „Ich bin hergekommen, um dir ein tolles Geschäft anzubieten. Ich habe mehr als zwei Jahre gebraucht, bis meine Internet-Pipeline so viel Profit einbrachte, dass ich bei Cistern kündigen konnte. Aber ich habe in dieser Zeit viel dazugelernt!

Ich weiß jetzt, wie man Ultimative Pipelines baut. Wie man auf andere Menschen zugeht. Wie man Teams bildet. Wie man ein Unternehmen aufbaut, indem man Persönlichkeiten aufbaut. Ich habe mir ein zuverlässiges System erarbeitet, das es mir und meinen Partnern ermöglicht, noch eine Ultimative Pipeline zu bauen … und dann noch eine … und noch eine …"

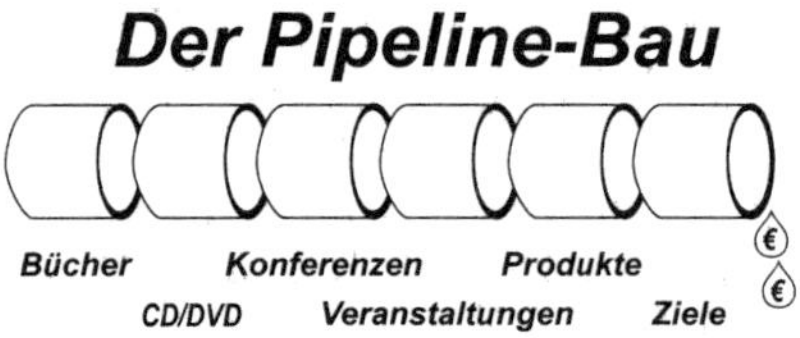

„Ich brauche Pipeline-Partner", so Paul weiter. „Ich werde dir alles, was ich über den Bau von internet-basierten Pipelines weiß, beibringen … und das wird dich keinen Cent kosten. Das Einzige, was ich als Gegenleistung von dir verlange, besteht darin, dass du das System, das ich dir beibringe, erlernst und es an andere weitergibst … und sie dazu anleitest, es wiederum an andere weiterzugeben …, bis es in jeder Stadt Nordamerikas Ultimative Pipelines gibt … und schließlich in jedem Haushalt überall auf der Welt."

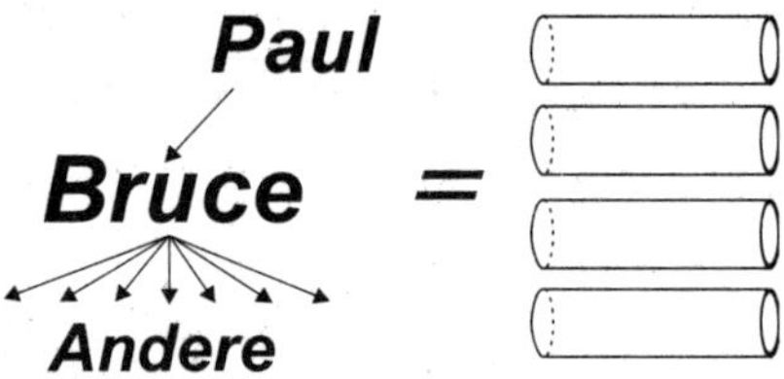

„Stell dir bloß mal vor", fuhr Paul fort, „wir könnten einen kleinen Anteil jedes Online-Geschäfts, das über unsere Ultimative Pipeline abgeschlossen wird, an Gewinn machen. Je mehr Umsatz durch die Online-Pipelines fließt, desto mehr Geld wird in unsere Taschen fließen. Die Ultimative Pipeline, die ich gebaut habe, ist noch längst nicht das Ende meines Traumes. Sie ist erst der Anfang!“

Bruce erkannte endlich den großen Plan. Er lächelte und reichte seinem Cousin die Hand. Sie schüttelten sich gegenseitig die Hände … und dann umarmten sie einander wie lange verloren geglaubte Freunde.

Ein dickes Dankeschön

Die Jahre vergingen. Paul und Bruce hatten sich längst zur Ruhe gesetzt. Ihre weltweiten Internet-Pipeline-Geschäfte pumpten jährlich noch immer mehrere Millionen auf ihre Bankkonten.

Die alten Freunde hatten nun Zeit, zu reisen und exotische Orte auf der ganzen Welt zu besuchen. Eines Tages verabredete sich Bruce mit Paul zum Mittagessen. Er hatte interessante Neuigkeiten.

„Paul, vor Jahren hast du mir ein ganz besonderes Geschenk zuteil werden lassen, indem du mich an der internet-basierten Geschäftsidee hast teilhaben lassen. Dieses Geschenk hat mein Leben für alle Zeiten verändert. Ich habe jahrelang darüber nachgedacht, wie ich diesen Gefallen erwidern kann. Und aus diesem Grund habe ich dich heute hierher gebeten. Das ist für dich.“

Bruce gab Paul einen Briefumschlag. Darin befanden sich zwei Tickets erster Klasse nach Italien.

„Aber das ist doch nicht nötig“, fing Paul an. Aber Bruce schnitt ihm das Wort ab.

„Jetzt lass mich mal ausreden“, sagte Bruce. „Von Kindesbeinen an haben uns unsere Eltern erzählt, dass unsere Familie ursprünglich aus Italien stammt. Und mit Hilfe des Internets ist es mir nun endlich gelungen, unsere Wurzeln bis zu zwei Cousins zurückzuverfolgen, die in einem kleinen Dorf in Mittelitalien lebten.“

„Paul, das möchte ich dir schenken“, fuhr Bruce fort. „Wir fahren in das Dorf. Wir gehen zu dem Marktplatz, wo unsere Ururururgroßväter und alle anderen Bewohner des Dorfes sich trafen, um Wasser aus dem Brunnen zu schöpfen. Und wir werden niederknien und unseren Vorfahren und Gott dafür danken, dass sie für uns diese Pipeline von Segnungen, die unser Leben bereichert hat, gebaut haben.“

Der Kreis schließt sich

Paul starrte seinen Cousin wortlos an. Dann beugte er sich zu ihm hinüber und ergriff seine Hände. „Ich habe nur eine Bitte“, sagte Paul ruhig. „Können wir das Abreisedatum von der kommenden Woche auf morgen vorverlegen?“

# # #

Zwei Wochen später ...

Der Flughafen von Rom war voller Menschen. Paul und Bruce machten sich nach zwei wunderbaren Wochen in Italien auf den Heimweg in die USA. Sie hatten die Stätten ihrer Vorfahren besucht. Und in den Häusern von Dutzenden ihrer lange verloren geglaubten Verwandten zu Mittag gegessen.

Es war die Reise ihres Lebens, und beide Männer fühlten sich danach erneuert und aufs Neue miteinander verbunden. Sie saßen nebeneinander am Flughafen-Terminal und lasen jeder ein Exemplar desselben Buches. Ab und zu beugte sich einer der beiden zum anderen hinüber und deutete auf einen Absatz des Buches.

„Oh-h-h-h, NEIN! — nicht schon wieder", rief ein Mann auf der anderen Seite des Ganges. *„Mein Flug ist gestrichen worden – SCHON WIEDER! Ich komme wohl nie mehr hier weg!"*

„Das ist auch unser Flug", sagte Paul und zeigte auf den Bildschirm, der über ihren Köpfen hing. „Gestrichen. Und jetzt?"

Paul schaute seinen alten Freund an. Bruce erwiderte den Blick – und dann lächelten sie beide.

„Denkst du auch, was ich gerade denke?", fragte Bruce mit einem Lächeln.

„Denkst du auch, was ich gerade denke?", grinste Paul.

„Scheint wohl, als müssten wir noch eine Woche hier bleiben!", riefen sie wie aus einem Munde und sprangen aus ihren Sitzen auf.

Der Mann auf der anderen Seite des Ganges schaute die beiden Freunde an, als hätte er es mit Außerirdischen zu tun.

„Wie könnt ihr euch nur so freuen?", fragte er ungläubig. „Ich sitze seit zwei Tagen auf diesem Flughafen hier fest. Die Geburtstagsfeier meiner Tochter habe ich nun schon das zweite Jahr in Folge verpasst. Ich habe im letzten Monat so viele Zeitzonen durchquert, dass ich nicht einmal mehr weiß, welcher Tag heute ist. Und als ob das noch nicht genug wäre, werde ich auch noch mein Jahressoll verpassen, weil mein Klient übermütig geworden ist und nicht zahlen will."

„Das tut uns Leid", sagte Bruce. „Wir können Sie gut

verstehen. Wir hätten früher auch so reagiert, nicht wahr, Paul?“

Paul stimmte zu. „Total gestresst. Ausgepumpt. Ausgebrannt. Völlig am Ende. So ging es uns auch mal. Aber das war lange vor unserer Pipeline-Zeit. Stimmt's, Bruce?“

„Wie meinen Sie das, ‚vor Ihrer Pipeline-Zeit‘?“, fragte der gestresste Mann. „Was soll das bedeuten?“

„Das würden wir Ihnen sehr gerne näher erläutern“, sagte Paul gut gelaunt. „Aber mein Freund und ich, wir müssen schnell rüberlaufen zum Autovermietungsstand. Geben Sie uns Ihre Visitenkarte. Dann ruft Sie einer von uns an, wenn wir wieder zurück in den Vereinigten Staaten sind.“

Der gestresste Mann überreichte Paul die Visitenkarte. Im Gegenzug gab Paul ihm sein Buch.

„Lesen Sie das hier, während Sie auf Ihren Flug warten“, sagte Paul. „Wenn ich Sie anrufe, haben wir gleich Gesprächsstoff.“

Paul klopfte Bruce auf die Schulter und lotste ihn zum Autovermietungsstand. Er warf schnell einen Blick auf die Visitenkarte des Fremden.

Bob Bruno

Rechtsanwalt

1-800-VERKLAG-SIE

„Bob Bruno, Rechtsanwalt“, sagte Paul. „Ich kann mir gut vorstellen, dass Herr Bruno die Gelegenheit, eine Pipeline zu bauen, gar nicht so schlecht finden wird, meinst du nicht auch?“

„Bruno, Bruno“, Bruce ließ sich den Namen auf der Zunge zergehen. „Der Name Bruno klingt ziemlich vertraut.“

„Und aus irgendeinem Grund habe ich bei diesem Typ namens Bruno ein ganz gutes Gefühl“, sagte Paul. „Das gleiche Gefühl, das ich hatte, als du mein Geschäftspartner wurdest. Ich glaube, unser neuer Freund Bruno ist ein guter Pipeline-Bauer!“

Paul und Bruce blickten noch einmal zu ihrem neuen Bekannten zurück.

Der gestresste Rechtsanwalt hatte das Buch auf seinem Schoß liegen. Aufmerksam schaute er sich die Titelseite an und buchstabierte den Titel leise vor sich hin.

Vorsichtig, wie ein alter Mann, der ein Geschenk von seinem Lieblingsenkel auspackt, öffnete Bruno das Buch mit dem Titel *Die Parabel von der Pipeline* – und fing an zu lesen.

Möchten Sie mehr darüber wissen?

Wenn auch Sie am Aufbau Ihrer PIPELINE interessiert sind, dann kontaktieren Sie bitte die Person, welche Ihnen dieses Buch gegeben hat.